Onvergetelijke Herinneringen

Swami Purnamritananda Puri

Mata Amritanandamayi Center, San Ramon
Californië, Verenigde Staten

Onvergetelijke Herinneringen
Door Swami Purnamritananda Puri

Uitgegeven door:
Mata Amritanandamayi Center
P.O. Box 613
San Ramon, CA 94583
Verenigde Staten

————————— *Unforgettable Memories (Dutch)* ————————

Eerste uitgave van het MA Center: mei 2016

In Nederland:
www.amma.nl
info@amma.nl

In België:
www.vriendenvanamma.be

In India:
www.amritapuri.org
inform@amritapuri.org

Opdracht

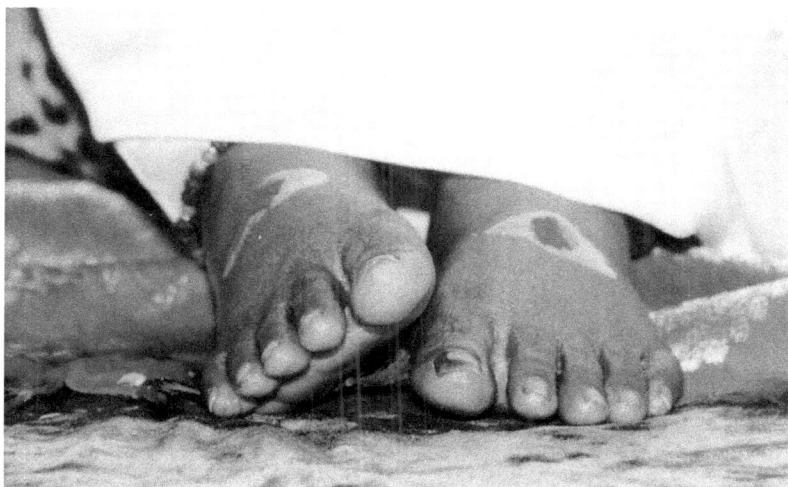

Ik draag dit boek nederig op aan de heilige voeten
van mijn Satguru, Śrī Mātā Amritānandamayi Devi.

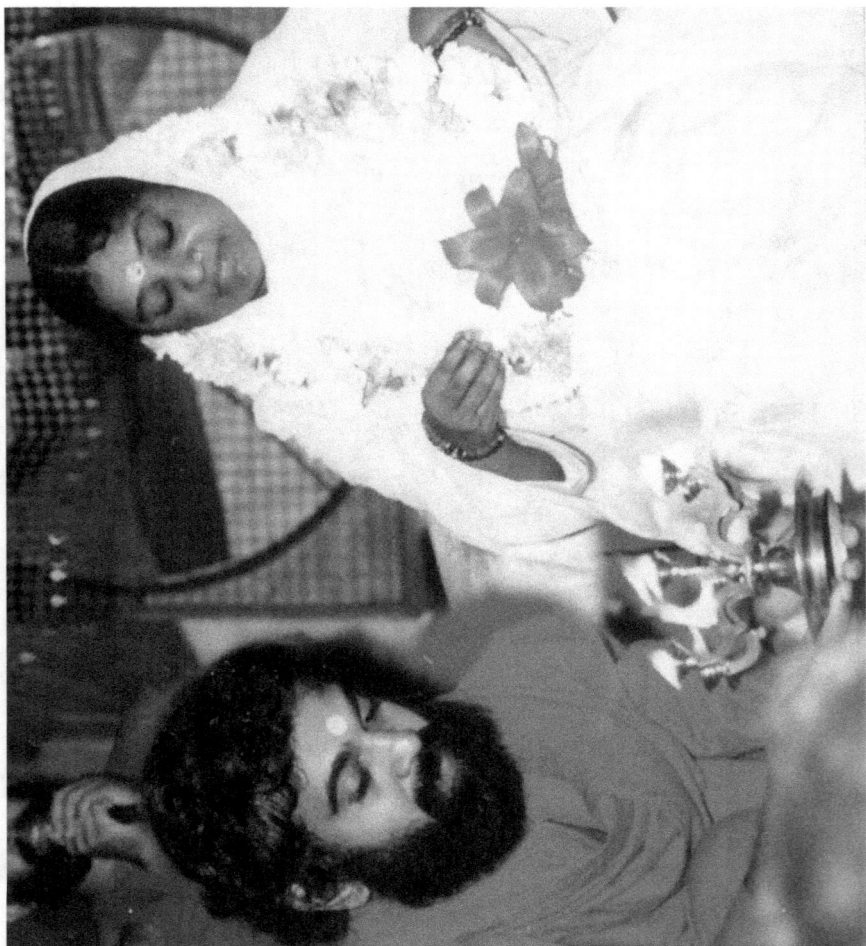

Inhoud

Voorwoord

Grote gurus brengen de kolossale bomen die in nietige zaadjes sluimeren, tot leven. Amma verandert scherpe, harde stenen in schitterende diamanten. Diep in ieder hart ligt een baby die zijn handen en benen beweegt, en uitroept "Mama! Mama!" Amma maakt door haar aanraking die kinderlijke onschuld wakker.

Iedere uiting van een *mahātma* (grote ziel) kan wel duizend betekenissen hebben. De stilte, blik en glimlach tussen haar woorden door worden allemaal door duizend bloemblaadjes omwikkeld. Wanneer de bloemblaadje zich ontvouwen, ontwaakt er een overvloed aan herinneringen, onvergetelijke beelden die nieuw leven schenken en de dood overleven.

We leven in een tijd die zelfs voor de alles verdragende Moeder Aarde ondraaglijk blijkt te zijn. De verschrikkingen van deze tijd doen zich aan ons voor als een opkomende tsunami of een wervelende tornado. De intellectueel deinst terug als hij de nachtmerrie op de rand van een catastrofe ziet. Amma komt als een koele kus op het voorhoofd, de troostende liefkozing, de stortvloed van liefde in een koortsig hart.

De persoon die achter een telescoop staat, ziet de zwarte gaten duizenden lichtjaren ver weg, maar hij ziet niet de zwarte gaten in zichzelf. Amma verlicht deze zwarte holten.

De grenzen van tijd en plaats zijn voor Amma geen probleem. Als Moeder van het Universum weet ze dat de pijn van de ziel altijd en overal hetzelfde is. Het hart dat door ervaringen en conditioneringen in het verleden gebroken is, geniet in haar aanwezigheid vrede. Het wordt zo uitgestrekt als het universum. Zo ontstaat het kosmische individu.

Herinneringen dat we door Amma geleid worden van het ondoordringbare oerwoud van het intellect naar het schaduwrijke prieel van het hart zijn verweven in verhalen die over een alchemie spreken die zelfs rommel in goud kan omzetten. Dit boek bevat gedenkwaardige parabels over hoe Amma, de Satguru, op de leerling geheimen overbrengt die geen enkele filosofie kan uitleggen.

Een korte opmerking over het taalgebruik: in overeenstemming met de bestaande gewoonte gebruikt dit boek het mannelijke voornaamwoord wanneer het naar God verwijst. Dit is om onhandige constructies als Hij/ Zij/ Het te voorkomen. Het spreekt vanzelf dat de Allerhoogste alle labels van geslacht transcendeert. Het vrouwelijk voornaamwoord wordt gebruikt om naar de Guru te verwijzen uit respect voor het vrouwelijk lichaam dat Amma heeft aangenomen. De Indiase woorden die in dit boek gebruikt worden, worden in de woordenlijst achterin verklaard.

In Amma's Schoot

1

O Godin van het Universum, mag ik beginnen met schrijven? Hoe zal ik schrijven? Hoe kan deze ganzenpen uit eigen beweging schrijven? Hoe kan ik schrijven over zaken waarover de tong niet eens kan spreken?

Ik had nooit gedacht dat U de zaken zo duidelijk zou presenteren, dingen die ik me nooit voor had kunnen stellen, zelfs niet één keer, levensgeheimen voorbij de kracht van de verbeelding. Ik kan niet begrijpen waaraan ik dit verdien. Het moet Uw almachtige genade zijn. Waaraan kan ik dit alles anders toeschrijven?

Jupiter heeft twee volledige omwentelingen gemaakt sinds U al mijn vooropgezette ideeën wegvaagde en mijn hart bent binnengegaan. Het lijkt allemaal zo ongelooflijk, als een droom. Ik heb Uw glorie niet volledig kunnen begrijpen. Als de hoog zwevende satelliet, die in de uitgestrekte ruimte een baan beschrijft, zelfs één planeet niet volledig kan begrijpen, hoe kan het ego dan de eindeloze panorama's die het omgeven, peilen? Ze zullen het ego doorprikken en leeg laten lopen. Deze menselijke satelliet die werd aangetrokken door de ster die Amma is, was onwetend omtrent de ontzagwekkende grootte ervan.

Ik had er zolang voor nodig om de verruimde visie te krijgen dat zij die ik als mijn eigen moeder beschouwde, de moeder die alleen van mij zou blijven, de Moeder van allen was! Nu weet ik dat haar schoot zo uitgestrekt als de kosmos is. Een wetenschapper die begonnen is met de bestudering van een planeet, raakt in verwarring wanneer hij duizend sterren door een telescoop ziet.

Amma is niet een verschijnsel dat men in één leven kan doorgronden. Ze is een schatkamer met eindeloos veel geheimen, die niet ontdekt kunnen worden, hoeveel levens men er ook aan besteedt haar te bestuderen. Ze is van een zuiverheid die de geest nooit kan kennen en het intellect nooit kan onderscheiden.

Er zijn in de wereld van vandaag veel intellectuelen die pretenderen niet te zien, wat ze met het blote oog kunnen zien. Ze zijn te beklagen, want ze kunnen niet zien wat gezien hoort te worden. We moeten het vuil van de spiegel van onze geest afvegen, die de wereld hoort te weerspiegelen zoals hij is. De verwrongen reflectie hoeft niet veroorzaakt te worden door het voorwerp dat gereflecteerd wordt; het kan door fouten in de spiegel veroorzaakt worden. Door de vervormde spiegel van de geest verliezen we de visie van Eenheid.

Met zo'n geestesoog kwam ik vele jaren geleden voor het eerst bij Amma. Ze smolt de versplinterde fragmenten van mijn geest in de oven van liefde, zuiverde hem en vormde hem opnieuw door lessen over Eenheid. U, die de ruwe keien van de menselijke geest de glans en pracht van gepolijste stenen geeft en daarbij alleen de hulp van troostende liefkozingen uit een onophoudelijke stroom van mededogen gebruikt, zonder iemand te onderwerpen aan het laaiende vuur van kwaadheid – hoe kan men zeggen dat U God niet bent? Welke goede daden heb ik in mijn vorige levens verricht om deze stortvloed van zegeningen te verdienen?

Ik had me nooit voorgesteld dat het leven zo mooi kon zijn. Ik had nooit gedacht dat Gods liefde alle grenzen zou overschrijden. Voordat ik Amma ontmoette, had ik bepaalde opvattingen over het leven. Vaak is er een gapende kloof tussen die ideeën en de werkelijkheid. Hoe kan ik dat ontkennen? Amma's uitdaging om alles als *prāsad* van de Heer te accepteren, heeft me kracht gegeven en mijn zelfvertrouwen wakker gemaakt.

Amma herinnerde me eraan dat er duizenden in de wereld zijn die lijden. De ervaringen met Amma in die oude tijd moeten een training geweest zijn om een hart te ontwikkelen dat de pijn van anderen begrijpt en een geest die smelt wanneer hij het verdriet van anderen hoort.

Op een keer na een bhāva darshan lag ik op de veranda van de hut voor de *kalari*[1] en dacht: "O God, laat op zijn minst *dit* waar zijn! Door hoeveel plaatsen heb ik niet gezworven op zoek naar God! Hoeveel bewijzen heb ik niet verzonnen om het niet-bestaan van God te staven! Hoelang kan iemand pretenderen dat hij de wreedheden die in Gods naam begaan zijn, niet gezien heeft? Tegenwoordig wekt alleen al het woord 'God' achterdocht op. De religieuzen buiten het geloof van de mensen in God uit om hun eigen religie te bevorderen."

De oom die mij naar Amma gebracht had, vond het moeilijk om me mee terug te nemen. Mijn familie had me met hem meegestuurd omdat ze dachten dat een witte verkleuring die plotseling op mijn lippen verschenen was, een voorteken van een slangenbeet was. Het voorteken dat tot mijn ontmoeting met Amma leidde, werd een remedie voor de ziekte van wereldsheid. Binnen een paar weken verdween de verkleuring geleidelijk.

Hoe kan een mens God worden? Heeft God een lichaam? Is alles waarin we geloven waar? De waarnemer in me negeerde de twijfelende geest en koesterde zich in de zoete herinneringen aan Amma's liefde en mededogen.

Mijn *pūrvāshram*[2] was bij een uitgestrekt rijstveld. Het ligt ongeveer twintig kilometer van Vallickavu. Ik zat vaak onder de

[1] Voorouderlijk heiligdom waar Amma vroeger darshan gaf.
[2] Letterlijk 'vorige āshram' (levensfase). Zij die de monastieke weg opgaan, verbreken de banden met het leven dat ze daarvoor leidden. Ze verwijzen naar hun biologische familieleden of het huis waar ze voorheen woonden als

*Ilanji*boom en staarde naar het rijstveld. Daar liet ik vliegers op toen ik jong was. Ik liep grote afstanden langs de richels van de akkers om te genieten van de schoonheid van de rijst-aren die in de wind ruisten. Als ik op de fiets reed om de pittoreske schoonheid van de natuur in me op te nemen, slipte de fiets vaak van de richels. Als ik dan met vieze kleren van de grond opstond, vroeg ik me af of iemand het gezien had.

Maar toen ik Amma ontmoet had, veranderde mijn kijk aanzienlijk. Ik begin duidelijk de reflectie van Jagadīshvari, de Godin van het Universum, in de regendruppel en de dauwdruppel te zien. Zelfs als ik nu in vuil water zou vallen, voel ik dat ik nog steeds in Jagadīshvari's schoot ben. Hoe werden de eerste lessen in aanbidding zo aangenaam? Hoe ontstond er compassie voor de muizen die er met rijst-aren vandoor gaan? Mijn vingers plukken met tegenzin bloemen, zelfs voor de aanbidding van God. Toen ik de bloemen die onder de Ilanjiboom op de grond verspreid lagen, aaneenreeg, protesteerde mijn grootmoeder. "Mijn lieverd, hoe kun je God de bloemen aanbieden die op de grond gevallen zijn? Je moet bloemenkransen maken van bloemen die van de boom geplukt zijn."

Het gevoel dat ik de plant om vergeving moest smeken omdat ik hem pijn deed door de bloemen te plukken, werd steeds sterker. Ik stond starend, als aan de grond genageld, toen Amma's *sankalpa's,* het bewijs van haar regen van zegeningen, zich allemaal in me begonnen te manifesteren.

Als er geen zon zou zijn, zou de maan dan enige schoonheid hebben? Wat leven en licht aan de wereld schenkt en die met kleuren versiert, zijn uw onzichtbare handen, is het niet? Toen ik in de *pūja*kamer bloemenkransen maakte, begon ik te beseffen dat de betoverende tekening van de godheid niet alleen maar

---

een deel van hun pūrvāshram. Pūrvāshram moeder betekent dus biologische moeder, in tegenstelling tot de spirituele moeder.

een afbeelding is. Zelfs op plaatsen waar dergelijke afbeeldingen niet zijn, begon ik het onzichtbare bewustzijn te voelen dat zijn compassie verspreidde.

Er was een tijd dat ik dacht dat sterk zijn intellectueel zijn betekende. Ik dacht dat de wetenschap het universum zou kunnen veroveren. Het idee dat de wetenschap alle vooruitgang tot stand bracht, begon te verdwijnen.

Toen ik nog een klein kind was, ging ik op een keer met mijn pūrvāshrammoeder naar een Devitempel voor een speciale gebedsbijeenkomst. In die tijd dacht ik dat de godheden die op de hoofdsteen gebeeldhouwd waren, levende wezens waren. Op die dag kroop ik op de schoot van het Devibeeld en deed alsof ik haar melk dronk. Ik was me niet bewust van de menigte die zich om me heen verzameld had en toekeek. In mijn kinderjaren was ik me er niet van bewust dat het een beeld was. Kinderen hebben de onschuld die nodig is om de extase van de ziel te ervaren, een gelukzaligheid die het hoogtepunt van verbeelding is.

Maar de verandering die het moderne onderwijs tot stand bracht, was enorm. Ik begon aan het bestaan van God te twijfelen. Ik begon me af te vragen of Zijn hulp nodig was. Ik begon trots te worden op mijn eigen bekwaamheden. Scholen zijn een strijdperk geworden waar de onschuld van kinderen vernietigd wordt. Pas nu ben ik de verandering in mijn geest gaan opmerken. Onschuld, eenvoud en onbevreesdheid zijn de kenmerken van alwetendheid. Amma's prachtige vorm, die twinkelt van tekenen van alwetendheid, werd steeds duidelijker in mijn geest.

De Devitempel in Vettikulangara

2

De Vettikulangara Kātyāyani Devitempel was in de buurt van mijn pūrvāshram. In mijn kindertijd rende ik na schooltijd naar de tempel. Weet je waarom? Om op het tempelterrein te spelen!

Hoe vaak je ook viel op dat heerlijke tempelterrein, je raakte nooit gewond. Ik wist toen niet dat dat witte zand ook Amma's schoot was. Moe na het spelen ging ik onder de banyanboom in de tempel zitten. Op dat moment merkte ik de beeldjes op die daar geïnstalleerd waren. De mensen aanbaden de godheden in alle altaartjes in de tempel zonder de betekenis van die goddelijke vormen te begrijpen. Niettemin was het geloof dat door deze aanbidding werd opgeroepen, echt geweldig.

Mijn grootmoeder vertelde me vaak verhalen over mensen die op ditzelfde tempelterrein visioenen van Devi hadden. *De Goddelijke Moeder zal zelfs een dronkaard die over het tempelterrein loopt, er niet ongedeerd vanaf laten komen.* Steeds als ze dit zei, veranderde haar gelaatsuitdrukking. Ik herinner me nu tot mijn verbazing dat Kārtika, de geboortester van de godin in de tempel, ook Amma's geboortester is. Latere ervaringen bewezen me dat dit geen zuiver toeval was. Amma moet er bepaalde bedoelingen mee gehad hebben dat ze mij in mijn jeugdjaren met die tempel verbond.

Zijn tempels geen middel waarmee de gewone mens de aanwezigheid van God gemakkelijk kan ervaren? Amma heeft gezegd:

"Hoewel er overal wind is, voelen we die veel sterker onder een boom. Koelte voelen we duidelijker bij een ventilator." Hoewel God overal is, kunnen we goddelijkheid duidelijker in een tempel of in de aanwezigheid van een mahātma ervaren.

Spiritueel verlichte mensen kunnen zelfs stenen *prāna shakti* (levenskracht) inblazen en die met goddelijk bewustzijn verzadigen. Als de steen zich helemaal aan de beeldhouwer overgeeft, wordt het een beeld. Daarna is zijn plaats niet langer op de trap, maar op het altaar. Als een steen die stil het gestamp, de mishandeling en het schoppen van veel mensen verdroeg toen hij op de trap lag, in de handen van een bedreven beeldhouwer komt, wordt hij een beeld dat duizenden mensen vrede kan schenken.

Tempels waar mahātma's de godheden installeren en de godheden met hun prāna shakti bezielen, worden tot heilige pelgrimsoorden getransformeerd. Als een steen, die als levenloos wordt beschouwd, de kracht kan krijgen om honderdduizenden mensen vrede te schenken, waarom kunnen mensen dit dan niet? Vanwege egoïsme en zelfzucht. Dit zijn de obstakels die in de weg staan, zegt Amma.

Hoevele duizenden versteende mensen heeft Amma niet veranderd in een belichaming van bekwaam, onbaatzuchtig vrijwilligerswerk, alleen door haar aanraking. Ahalya, die in een steen gevangen zat, veranderde door de aanraking van de voeten van Sri Rāma[3] in een prachtige vrouw. Van hoeveel wonderen zijn wij evenzo niet getuige geweest dankzij die stroom van liefde die de schoonheid van de ziel opwekt.

In mijn studententijd nam mijn geloof in God af. Hoewel ik de wonderen in de natuur bewonderde, dacht ik niet aan de kracht erachter. Wetenschappers proberen te begrijpen wat dit universum

---

[3] In de Rāmayāna wordt verteld hoe Ahalya door haar man wegens haar ontrouw vervloekt wordt en de vorm van een steen aanneemt. Later bevrijdt Sri Rāma haar door op de steen te stappen.

is. Ze vragen zich niet af *waarom* deze wereld bestaat. Spiritualiteit leert ons te vragen: "Waarom deze wereld?" en "Waarom dit leven?" Het is onmogelijk dat een wereld die op welomschreven wetten is gebaseerd, zonder betekenis is. Deze wereld is de weg van de mensheid naar heelheid. Al onze ervaringen hier zijn een onderdeel van onze training om dat uiteindelijke doel te bereiken. Voor hen die het universum als een oefenterrein kunnen zien, is de wereld het gebied van goddelijke ervaringen.

Om Amma's woorden te gebruiken: we zijn hier voor een picknick. Als we overdreven belang aan deze wereld hechten, zullen we lijden. Zij die erg op wereldse zaken gesteld zijn, zullen ontreddered raken als alles waaraan ze waarde hechten, verloren gaat. We moeten met het bewustzijn leven dat alles in deze wereld vergankelijk is. Als we stap voor stap naar de Heelheid omhooggaan, laten we de lagere treden achter ons. Op dezelfde manier kunnen we alles wat we tot nu toe verworven hebben, verliezen.

Amma heeft het geheim ontdekt om de mensheid het verdriet in het leven te besparen. Het was hetzelfde geheim dat Prins Siddhārtha ontdekte, toen hij Heer Boeddha werd. Wat was het? Dat in deze wereld zoiets als verdriet niet bestaat! Als er geen wereld is, hoe kan verdriet dan echt zijn?

De ervaringen die door de illusie van de wereld veroorzaakt worden, zijn allemaal onecht. Alleen de Ervaarder is echt: het Zelf, dat van alles getuige is.

De droomwereld is echt voor de dromer. Er is slechts één manier om iemand die in een nachtmerrie huilt, te helpen. Maak hem wakker! De droomwereld wordt onecht voor de dromer die wakker is geworden. Alleen iemand die wakker is, kan anderen wakker maken.

Amma is gekomen om ons, die onder de betovering van de droomwereld lijden, wakker te maken. Ze is onze dromen binnengegaan om ons verdriet te delen en om te proberen om ons uit onze slaap wakker te maken. Maar wij zijn nog steeds in onze prettige slaap verzonken. We kunnen er niet genoeg van krijgen. Genoegens zullen ons niet tevredenstellen, hoezeer we er ook van genieten. Hieruit volgt dat we ooit eerder een grotere vreugde ervaren moeten hebben.

Als een peuter huilt, zal een moeder tegenwoordig een fopspeen in zijn mond stoppen. De peuter houdt een tijdje op met huilen. Wanneer hij weer begint te jammeren, vult ze zijn flesje met melk en stopt het in zijn hand. Na een tijdje begint het kind weer te schreeuwen en negeert zijn fles melk en speelgoed. Deze keer houdt de moeder op met het werk waarmee ze bezig is, plaatst het kind op haar schoot en geeft hem borstvoeding. Dan houdt het kind op met huilen.

Als het kind van de honger gehuild had, zou de fles melk voldoende geweest zijn. Maar uit de fles krijgt hij niet de warmte van de moederborst en haar liefdevolle affectie. De fles melk zal nooit genoeg zijn voor de baby die de zoetheid van moedermelk en de zaligheid van de liefdevolle knuffels van de moeder gekend heeft.

Zo ook, vergeleken met de gelukzaligheid van *Brahman* (het Allerhoogste) die we genoten toen we één waren met God, zijn materiële genoegens niets. Dat is precies de reden waarom die genoegens de oorzaak van onze ontevredenheid worden. Niets anders dan de ervaring van God kan ons gelukkig maken, omdat we die Volheid eens ervaren hebben.

Het verlangen om van wereldse genoegens te genieten versterkt ons gevoel van onvolledigheid. Amma is gekomen om ons ervan bewust te maken dat we in feite Heel zijn.

De Dorst van de Ziel

3

Overal kunnen we de kreten van de *jīvātma* (het individuele Zelf) horen die ernaar streeft om in de *Paramātma* (het hoogste Zelf) op te gaan. Iemand die naar de ondergaande zon kijkt, zal de pijn door scheiding snel begrijpen. Als we opmerkzaam zijn, kunnen we dit opgekropte zielenleed overal in de natuur zien.

Ieder voorwerp in het universum is in gebed, alleen mensen leven met egoïstische verlangens. Iedereen zoekt God, de belichaming van gelukzaligheid. Maar mensen genieten nog steeds geen gelukzaligheid, zelfs niet als ze zeer veel dingen verkregen hebben. Hun zoeken naar iets nieuws gaat door.

Amma is als een stortregen van ambrozijn gekomen om toevlucht te bieden aan jīvātma's die vervreemd zijn van de belichaming van gelukzaligheid, en om hun kracht te geven om zich los te maken uit het verleidelijke web van *samsāra*, de cyclus van geboorte en dood. De grote meerderheid van de mensen is echter weggezakt in een moeras van onbetekenende pleziertjes. Mij lijkt het dat Amma ons naar onze jeugd terugbrengt, toen we ervan genoten om olifanten en paarden in de wolken te zien.

We merken de wonderen om ons heen niet op. Er zijn overal in de natuur zulke wonderen. Als we naar de miljoenen sterren in de oneindige, blauwe lucht kijken, zal het torenhoge gebouw van ons ego instorten.

Als we op het strand staan en naar de zee kijken die met de hemel samenvalt, als we het prachtige kleurenspel aan de horizon zien en over de diepte van de oceaan nadenken, verschrompelt ons ego. Iemand die naast een indrukwekkend hoge berg staat, beseft hoe nietig hij is. Op dezelfde manier worden wij in de aanwezigheid van een mahātma tot niets gereduceerd. De met sneeuw bedekte bergtop van ons ego smelt tot tranen, die een stroom van devotie als de Ganga worden en die onze mentale onzuiverheden wegspoelen. Het is mogelijk om bij Amma niets te worden. Als we niets kunnen zijn, kunnen we alles zijn. Amma bezielt ons met de onschuld van een onwetende baby. In tegenstelling tot het moderne onderwijs, dat ons alleen met het ego van kennis volstopt, zal het hart van iemand met een houding van overgave de zuiverheid van Krishna's gouden fluit krijgen. We krijgen misschien geen betere gelegenheid om het grote doel van het leven te vervullen: een fluit worden die eindeloos goddelijke muziek voortbrengt.

Alle onderzoek moet ophouden. Moet je nog steeds naar de universiteit gaan om verder te studeren, als je de gevaren van het moderne onderwijs kent? Toen ik deze vraag aan Amma voorlegde, zei ze: "Zoon, alles is goddelijk. Het is voldoende als je kennis niet de oorzaak van egoïsme laat zijn. Materie en spiritualiteit zijn niet twee. Wat het belangrijkst is, is onze houding. Ons lichaam, onze geest en ons intellect zijn slechts instrumenten. We moeten weten hoe we ze verstandig kunnen gebruiken. Als we dan kennis verkrijgen, zullen we niet egoïstisch worden. Zelfs in het materiële leven kunnen we duidelijk zien dat levens die met Gods kracht in aanraking gekomen zijn, getransformeerd zijn."

Waar hoogste kennis is, kan het ego niet zijn. Het ego is slecht geïnformeerd. De kenmerken van alwetendheid zijn eenvoud en nederigheid. In Amma kunnen we deze goddelijke eigenschappen altijd zien.

De kenner, het kennen en het gekende worden één. Zoals iemand die droomde, zich bij het wakker worden realiseert dat de hele droomwereld in hem bestond, verandert onze kijk als we beseffen dat het verschijnsel van het universum van binnenuit komt.

Alleen al de aanwezigheid van een mahātma als Amma is krachtig genoeg om wonderlijke transformaties in ons tot stand te brengen. Niets wat in het leven gebeurt is toeval. Men zegt dat er voor alles een speciale reden is. Dat ik een band van vele levens met Amma voelde toen ik haar voor het eerst zag, wijst op vele onbekende factoren.

Ik herinner me een voorval dat plaatsvond toen ik één jaar was. Het is ongewoon dat iemand zich iets herinnert dat gebeurde voordat hij twee was, maar deze ongebruikelijke gebeurtenis is onuitwisbaar in mijn geheugen gegrift. Het is even duidelijk als iets wat gisteren gebeurde.

Mijn pūrvāshram moeder probeerde me in mijn wieg in slaap te wiegen. Toen liep ze weg naar de keuken. Ik was niet in slaap gevallen. Toen mijn moeder weggegaan was, deed ik mijn ogen open. Omdat ik mijn moeder niet zag, gluurde ik door de latjes van de wieg. Ik zag een vrouw, gekleed in zuiver wit en met sieraden aan. Haar hele lichaam was verblindend en ze liep op me af. Ze kwam naar mijn wieg, begon me zachtjes te liefkozen en overgoot me met liefde. Toen ik die onbekende vorm zag, schrok ik en begon te huilen. Mijn moeder hoorde mijn geschreeuw en rende de keuken uit. Tegen die tijd was ik flauw gevallen. Toen ze me bewusteloos en bewegingloos zag liggen, sprenkelde ze water op mijn gezicht en probeerde me weer tot leven te brengen.

Even later opende ik mijn ogen. Dit voorval vond iedere dag onafgebroken plaats. Veel artsen onderzochten me, maar niemand kon de oorzaak van mijn flauwvallen vinden. Uiteindelijk ging mijn vader naar een astroloog. Met behulp van porseleinschelpen[4] kreeg hij een paar inzichten die hij met mijn vader deelde. Hij zei dat ik in de aanwezigheid van een goddelijk wezen was en dat dit bevorderlijk voor mijn eigen welzijn was. Hij verzekerde mijn vader dat boeterituelen niet nodig waren. Hij instrueerde mijn vader ook mij om mijn angst af te wenden een zilveren armband te laten dragen die in de tempel in Ettamānūr gewijd was. Zodra de zilveren armband om mijn hand gedaan was, zag ik geen goddelijke bezoeken meer.

Ik zag die vorm niet meer tot ik veertien was, toen de ervaring terugkwam. Ik zat toen op de middelbare school. Vanaf die tijd heb ik urenlang gelegen zonder controle over het lichaam en heb ik alle ervaringen ondergaan die op het moment van de dood plaatsvinden. In de loop der tijd werden die goddelijke ervaringen, die onbekende gebieden van het leven onthulden, natuurlijk voor me.

Deze ervaringen gaven een nieuwe impuls aan mijn zoeken naar God. De goddelijke bezoeken inspireerden me om meer over buitenzintuiglijke krachten leren. Het versterkte mijn verlangen om meer over de geheimen van het leven te weten die liggen achter wat men kan zien en horen.

Mijn zoektocht bracht me in de heilige aanwezigheid van Amma, de Godin van het Universum. Toen ik Amma's goddelijke liefde in me opnam, verdween de zoeker in mij.

Toen ik student technologie was, kreeg ik de gelegenheid om meer te leren over buitenzintuiglijke krachten. Vergezeld van mijn rationalistische vrienden ging ik naar allerlei plaatsen. Plekken die naar men zei bewoond werden door geesten en schimmen, spookhuizen, de verblijfplaatsen van zogenaamde heiligen die beweren goddelijke macht te hebben. Ik ben persoonlijk naar

---

[4] Sommige astrologen gebruiken porseleinschelpen om waarzeggingen te doen.

al deze plaatsen gegaan en zette me erg in om de waarheid voor mezelf uit te vinden.

Wat ik begreep was dat die geesten en spoken niet zo gevaarlijk als mensen waren. Het vertrouwen van de mensen wordt overal uitgebuit.

Toen ik Amma ontmoette, vergat ik niet haar de vragen te stellen die in me opkwamen. Maar het werd me pas later duidelijk dat ik aan een goddelijke incarnatie vragen stelde.

"Amma, ik wil graag mijn twijfels ophelderen. Mag ik wat vragen stellen?"

Toen Amma mijn verzoek hoorde, glimlachte ze en zei: "Maar Amma weet niets! Ga je gang, zoon, vraag. Amma zal alleen wat onzin mompelen."

"Amma, bestaat God?"

Haar antwoord kwam snel: "Zoon, is dat geen dwaze vraag? Vragen of God bestaat is als vragen: 'Heb ik een tong?' met je eigen tong. Waarom vraag je dit nu, zoon?"

"Als God bestaat, heb ik voldoende kwaadheid in me om Hem te doden!"

Toen Amma mijn antwoord hoorde, lachte ze luid en vroeg: "Waarom, zoon?"

Ik legde uit waarom ik kwaad op God was: "Zoveel mensen in de wereld lijden door ziekte en armoede. Anderen baden in weelde. De schepping zit zo in elkaar dat ieder schepsel in deze wereld voedsel voor een ander is. Ik ben woedend op de God die dit wrede universum geschapen heeft."

Amma antwoordde alsof ze het met mijn kritiek eens was: "Amma mag je graag, zoon. Je bent niet om een egoïstische reden boos op God, maar uit compassie met anderen. God verblijft in het hart dat mededogen voor anderen voelt. Hij is niet iemand die straft. Hij beschermt iedereen. Wij zijn degenen die onszelf straffen. Al onze daden worden in de natuur geregistreerd. We moeten de gevolgen daarvan in dit leven of in toekomstige levens ervaren. Als we als een dier leven, nadat we een menselijk lichaam gekregen hebben, kunnen we als dier opnieuw geboren worden of voedsel voor een ander dier worden. We kunnen God hiervan niet de schuld geven."

"Amma, bent u God?"

Amma lachte en zei: "Zoon, Amma is een gekke meid. Niemand heeft haar gevangen gezet. Daarom is ze nog steeds hier. Zoon, Amma zegt niet dat je in haar of in een God die in de hemel woont, moet geloven. Het is voldoende als je in jezelf gelooft. Alles is in jou. Zoals de reusachtige boom die wacht om uit het zaadje te voorschijn te komen, doordringt goddelijke macht het hele universum. Als men die goddelijke kracht door gebed, meditatie en goede daden wakker maakt, kan men Volheid bereiken. Men kan in God opgaan en zo geboorte en dood transcenderen. De schatkamer met de geheimen van het universum zal opengaan. In die zijnstoestand zal men God in alle schepselen zien, zowel de beweegbare als de onbeweegbare. Als men God in alles ziet, krijgt men de zuiverheid om lief te hebben en te dienen. Dit is de hoogste staat die een mens kan bereiken."

Amma sloot haar ogen langzaam. Ik staarde naar het gezicht dat de extase van Brahman uitstraalde. Toen ik de oneindige glorie van God in Amma zag, kon ik niets meer vragen.

Mahātma's incarneren om de wereld te leren hoe een mens Volheid kan bereiken. Amma's leven bewijst dat niets een obstakel voor Godsrealisatie vormt, zelfs niet dat je onder de meest ongunstige omstandigheden geboren bent.

Het werd mij duidelijk dat niets in het leven toevallig is. We moeten de mentale zuiverheid verwerven om de betekenis achter iedere gebeurtenis in het leven te begrijpen. Er gaan welomlijnde doeleinden achter Amma's leven schuil. Ze moet lang geleden de noodzakelijke stappen genomen hebben om zich op

deze doeleinden voor te bereiden. Ik begon ook te begrijpen dat
Amma reeds lang geleden stappen ondernomen had om ons te
beschermen tegen de vernietigende greep van samsāra. Het besef
dat ik een nieuw leven gekregen had begon in me te groeien. De
rest van mijn leven is een terugreis naar mijn jeugd. Tranen zijn
getuige van de waarheid dat Amma's goddelijke aanwezigheid
voldoende is om de verloren onschuld wakker te maken.

Paranormale
Krachten

4

Boven de eindeloze, uitgestrekte lucht! Wat een betoverend universum met planeten en bijpaneten die om fel schijnende, fonkelende sterren ronddraaien. De hemel, de zee, bergen, dalen, vogels, dieren, bloemen en bomen brengen ons met hun kleurrijke pracht in vervoering. Wie zit er achter de magie van de natuur? Hoe zijn al deze dingen ontstaan? Heeft God ze geschapen?

Wanneer wetenschappers proberen iets te weten te komen over kosmische verschijnselen, realiseren ze zich de beperkingen van de geest en het intellect. Hoe meer ze te weten komen, des te meer beseffen ze hoe bodemloos hun onwetendheid is. De voorstanders van de kracht van het intellect, die de meest verborgen geheimen van de schepping niet kunnen ontsluieren, staan verbijsterd. De *rishi's* (zieners) onderzochten nooit *wat* dit universum is, maar eerder *waarom*.

Dit universum is Gods middel om de mensheid naar Volheid te leiden. Het is een schatkist vol wonderen, die ontelbare ervaringen geeft die passen bij de verschillende niveaus van volwassenheid en begrip van de mensen.

Iedereen leeft in zijn eigen wereld. Het is de menselijke geest die hemel en hel creëert.

Ervaringen veranderen voortdurend. Alle ervaringen zijn onecht, alleen de Ervaarder is echt. Wanneer men die Ervaarder leert kennen, zal al het overige verdwijnen; de Waarheid zal gerealiseerd worden. Het bewustzijn dat vervat is in de uitspraak uit de geschriften *Brahma satya, jagan mithya* (Brahman is waarheid, de wereld is illusoir) zal dagen. God heeft ons dit leven gegeven om dit bewustzijn te bereiken.

Niets kan verworpen worden. In plaats daarvan moeten we het hart ontwikkelen en verruimen om alles te omhelzen. Dit is wat Amma ons laat zien: de bekwaamheid om alleen maar het goede te zien. Door de *bhāva* (goddelijke stemming) van de Moeder geeft Amma ons het geschenk van innerlijke zuiverheid, waarmee we de verdorvenheid van de geest kunnen overwinnen en de goddelijke ervaring van eeuwige schoonheid kunnen bereiken. Zo brengen we ons leven tot vervulling.

Voordat ik Amma ontmoette, huilde ik talloze malen zonder reden als ik alleen was. In de laatste uren van maanbeschenen nachten, verlangde ik naar *iets*. Amma, de *antaryāmi* (bewoonster) moet zelfs toen geprobeerd hebben me te troosten. Nu weet ik dat het haar handen waren die in de vorm van een koele bries kwamen om mijn tranen af te vegen.

Wanneer men een mahātma als Amma ontmoet, begint men zich naar binnen te keren. Er zal een moment komen dat onze band met de uiterlijke wereld verbroken wordt. Zulke momenten zijn invloedrijke levenservaringen van grote betekenis, omdat onze individualiteit ondersteboven gekeerd wordt. Anderen zullen ons als nieuw zien.

Ik herinner me een bezoek aan een spookhuis in Noord Kerala. Op verzoek van mijn vriend besloten we daar wat onderzoek te doen. We zagen ongunstige voortekens op de drempel van het onbewoonde huis: een cobra die de trap afgleed naar de vijver, spinnenwebben die de buitenkant van het huis bedekten, het geluid van vleermuizen die met hun vleugels fladderden. Alleen dit al was voldoende om de sfeer vreselijk te maken, om nog maar niet te spreken van de geesten.

Mijn vriend en ik gingen op de veranda van het afgesloten huis zitten. Ik keek over het terrein. Zelfs bij zonsopkomst en zonsondergang gleden de zonnestralen voorbij, schijnbaar zonder dit op het zuiden uitkijkende huis, waarvan de helft was weggehakt, te beschijnen. We vernamen dat veel mensen in de vijver daar gestorven waren. Daarom had jarenlang niemand de moeite genomen om de plaats schoon te maken.

Tegen de schemering kwam de nachtwacht met een lantaarn. Ik vroeg hem: "Bent u nooit bang om hier alleen te staan?"

"Meneer, zou bang worden helpen? Ik moet overleven, nietwaar," zei hij met een zucht. "Ik kan me de laatste keer dat ik bij mijn vrouw en kinderen geslapen heb, niet herinneren. Ik was niet meer gezond genoeg om ander werk te doen. Toen kreeg ik dit aangeboden, wat niemand anders durfde aan te nemen."

We luisterden naar zijn verhaal over geesten en lachten. Hij zei dat hij amuletten van bladmetaal om beide handen en zijn nek droeg. Die waren beschreven met mantra's en gewijd in een tempel om kwade geesten af te wenden. Daarom was hij niet bang. Ik dacht na over de moed dat onschuldig vertrouwen iemand kan geven.

Het probleem is niet of God al dan niet bestaat, maar of geloven in God enig nut heeft. Metaalfolie beschreven met mantra's die je onbevreesd maken. Het is dit gevoel van veiligheid dat de moderne mens mist. En daarom neemt onze angst toe. Angst laat ons alles met achterdocht bekijken. Omdat we niets hebben om onze geest, die nergens vertrouwen in heeft, te troosten, beginnen we achter luchtspiegelingen in de woestijn van het leven aan te rennen. Omdat we de bron in ons niet kunnen vinden, dwalen we rond om te proberen onze dorst te lessen.

Hoewel we het verontrustende geluid van vleermuizen die om ons heen vlogen en van huilende honden moesten accepteren, brachten we daar een paar dagen door en wachtten op de geesten.

We kwamen niets te weten over paranormale krachten. We vertrokken en concludeerden dat de hele zaak, de geesten, schimmen, alles, een verzinsel van de onbewuste geest van de mensen was.

Ik vernam later dat veel van de zogenaamde spookhuizen in strijd met de wetten van *vāstu shastra*[5] gebouwd waren. Er bestaat geen twijfel over dat een *tulasi*heiligdom op de binnenplaats en een door lampjes verlichte gebedsruimte die duidelijk zichtbaar is, het uiterlijk van het huis en het erf veranderen. We moeten oppassen met het versieren van muren met misvormde beelden of afgehakte dierenhoofden. Ieder voorwerp heeft invloed op de geest. We moeten niet proberen ons huis met onnodige dingen vol te stoppen. Als we een huis binnengaan dat versierd is met netjes en systematisch geordende afbeeldingen die de herinnering aan God oproepen, en met voorwerpen die een revitaliserende invloed hebben, kunnen we voelen dat onze geest tot rust komt.

We kunnen vrede in Amma's aanwezigheid ervaren, waar ze ook is. Ze zeggen dat het onmogelijk is om mahātma's in de hel te stoppen. Stop ze erin en de hel wordt de hemel! Totdat ik Amma's lotusvoeten bereikte, door de aanwezigheid waarvan iedereen hemelse gelukzaligheid kan genieten, ging ik door met zoeken naar paranormale krachten.

Ik bezocht tempeltjes die godheden met afschrikwekkende vormen toonden. Deze godheden waren enkel met het doel om vijanden te vernietigen geïnstalleerd. Zulke plaatsen buiten de zwakheden van de mensen uit om geld te verdienen. Later realiseerde ik me dat de betekenis van *pūja's* om je vijanden te vernietigen niet is dat je vijanden gedood worden, maar het gevoel van vijandschap. Als tegenstanders in bondgenoten veranderen, als haat in liefde verandert, als kwaadheid mededogen wordt,

---

[5] De Indiase wetenschap van het plaatsen van voorwerpen om de stroom van positieve energie te gebruiken en de stroom van negatieve energie om te leiden. Lijkt op Feng Shui.

wordt de houding van vijandschap vernietigd. Voordat dit kan gebeuren, moeten we alle voorkeur en afkeer opgeven. Goddelijke eigenschappen moeten in de koelte van liefde weer tot leven gebracht worden.

Ieder activiteit die we ondernemen met het doel anderen schade te berokkenen, zal de oorzaak van onze eigen ondergang zijn. Hatelijke gedachten komen als pijlen uit ons te voorschijn, treffen de persoon en zoeven naar ons terug als een vloek die tien keer krachtiger is. Daarom zijn er zoveel verhalen die laten zien dat de scheppers van verschrikkelijke godheden die vijanden vernietigden, vele generaties lang ellende moesten ondergaan. Vriendelijke gedachten zijn goed voor anderen en keren dan terug als een stortvloed van zegeningen die op dezelfde manier vergroot zijn.

Ik herinner me de festivals die in de voorouderlijke tempel van mijn pūrvāshramfamilie gevierd werden. Ik studeerde toen. Alle familieleden kwamen voor de vieringen bij elkaar. Als onderdeel van de festiviteiten werden er *kalamezhuttu*liederen[6] gezongen om de *nāga*goden (slangengoden) gunstig te stemmen.

Er werden jonge meisjes opgesteld voor de kalamezhuttu, die voor de altaren van de *nāgayakshi* (slangen-halfgodin) en koninklijke nāgagodheden getekend waren. Minstrelen begonnen lofliederen te zingen om deze godheden gunstig te stemmen. De welklinkende klanken van de begeleidende muziekinstrumenten en het onstuimige geschreeuw van de toegewijden schiepen een in vervoering brengende sfeer. "Wat is dit allemaal?" vroeg ik mijn vader. "Een welkom voor de nāgayakshi en nāgakoning," zei hij. Toen ik mijn vaders uitleg gehoord had, lette ik goed op wat er gebeurde. Het tromgeroffel en het gejuich[7] bereikten

---

[6] Kalamezhuttu verwijst naar decoratieve afbeeldingen van godheden. Ze worden met gekleurd poeder op de grond getekend. De liederen die hier genoemd worden gaan over deze godheden.

[7] Traditioneel jouwen de vrouwen met schelle stem bij gunstige gelegenheden.

een hoogtepunt. Het geschreeuw werd intenser. De meisjes die tot nu toe met gebogen hoofd gezeten hadden, begonnen zich anders te gedragen. De mensen konden de aanwezigheid van de nāgagodheden voelen in deze meisjes die bloemstengels in hun handen hielden. Ze begonnen als slangen te wiegen. Hun blik en de beweging van hun ledematen hadden een treffende overeenkomst met de beweging van een slang. Deze meisjes bewogen zich gehypnotiseerd van de ene kant naar de andere en schommelden op de muziek. De toegewijden begonnen met totale overgave te schreeuwen. Zelfs toen de vastgestelde duur van de plechtigheid over was, gingen de meisjes door met dansen. Alle pogingen om hen in bedwang te houden, waren tevergeefs. Hoe hard de mensen het ook probeerden, ze konden de meisjes niet beteugelen. Hoe werden deze jonge meisjes zo sterk? De muziek hield op. Toen de priester gewijd water over de meisjes sprenkelde, gleden ze naar de drempel van de altaarkamer. Daar bogen ze en bleven gebogen, bewegingloos.

Wat was er met deze meisjes gebeurd? Hoe kan de ziel van een slang een menselijk lichaam binnengaan? Wat is de essentie van nāga-aanbidding? Ik had toen geen antwoorden op die vragen, maar ik kon niet ontkennen dat veel van de overtuigingen die ik als blind geloof verworpen had, voor de mensen een troost waren.

Ik leerde van Amma dat we veel goddelijke ervaringen zullen genieten, als de *kundalini shakti* (slangenkracht) die in de *mūlādhāra chakra* sluimert, opgewekt wordt. We proberen die goddelijke kracht in beweging te brengen door de aanbidding van God, wat goddelijke eigenschappen in ons wakker maakt. Als de oneindige kracht die in onze mūlādhāra chakra ligt en die als Kanyākumāri verpersoonlijkt wordt, één wordt met Parameshvara, die in de *sahasrāra chakra* in Kailāsh verblijft, zullen we de

Waarheid, de essentie van spirituele vervulling[8], realiseren. In die goddelijke ervaring, waarbij men in de nectar van onsterfelijkheid gebaad wordt, transcendeert men alle besef van individualiteit.

God is zonder naam en vorm, maar alle namen en vormen zijn van Hem. Onze spirituele ervaringen zijn gebaseerd op ons vertrouwen en ideeën over God. Wat onze opvatting over God ook mag zijn, het bevestigen hiervan is voor de Almachtige geen probleem. Toegewijden hebben verschillende ervaringen gebaseerd op de uiteenlopende ideeën die ze over God hebben. We kunnen het vat van onze geest met goddelijke energie vullen. De vorm van dat vat is niet belangrijk. We hebben de vrijheid het vat te kiezen dat ons het meest aanspreekt. Als we de weg van devotie nemen, wordt aanbidding van God steeds bevredigender. Het enthousiasme om eenheid met onze *ishta devata* (vorm van God waaraan men de voorkeur geeft) te bereiken doet onze *vāsana's* (latente neigingen) verschrompelen.

Het is moeilijk om enthousiast te zijn over een God die men niet gezien heeft, maar het is gemakkelijk alle godheden in een Satguru te zien. Daarom komen goddelijke ervaringen, waarvan we dachten dat ze niet te bereiken waren, op zoek naar ons, als we onwankelbare devotie voor en vertrouwen in de Satguru ontwikkelen. Daarom is het voor degenen die een Satguru gevonden hebben, niet nodig om andere godheden te aanbidden. Een leerling in vervoering zal de verschillende aspecten van alle 330 miljoen godheden[9] in een Guru kunnen waarnemen.

---

[8] Het proces van spirituele ontwikkeling wordt vergeleken met de legende van Kanyākumāri. Volgens dit verhaal wacht Kanyākumāri, de Maagdelijke Godin aan de zuidpunt van India, op Parameshvara (Shiva). Hij verblijft op de Berg Kailash in de Himālaya in het meest noordelijke deel van India. Hun eenheid symboliseert het hoogtepunt van spirituele ontwikkeling.

[9] Hindoes geloven dat er in totaal 330 miljoen godheden zijn. Dit kunnen we zo zien dat de ene ondeelbare God een oneindig aantal vormen kan aannemen.

Eens bezocht ik het huis van een vrouw die dagelijks huilde nadat haar zoon gestorven was. Het leek erop dat de ziel van de zoon het lichaam van de moeder in bezit nam. Op zulke momenten veranderde haar stem. Haar hele aard veranderde. Haar manier van spreken en haar gedrag waren die van een man. Ik merkte deze ongewone verandering in haar manier van doen op. Deze vrouw, wier gezondheid door verdriet verzwakt was, liep overal met de kracht van een atleet heen.

De voortijdige dood van haar zoon, die sportbeoefenaar geweest was, had het hart van de moeder gebroken. Na zijn dood handelde ze soms als haar zoon. Op die dag verklaarde ze luid maar onduidelijk, dat ze de zoon was die zijn moeder was komen opzoeken. Na een tijdje vroeg ze om wat drinkwater. Toen er water in haar mond gegoten werd, begon ze het gretig op te drinken. Toen sloot ze haar ogen. Toen er wat water over haar gezicht gesprenkeld werd, opende ze haar ogen weer en staarde naar de aanwezigen. Ze leek weer normaal geworden te zijn. Ze vroeg waarom iedereen om haar heen was gaan staan. Het was duidelijk dat ze zich niets herinnerde van wat er zojuist gebeurd was.

Hoe gebeurde zoiets? Het bewijst dat de zoon, hoewel hij overleden was, in het hart van zijn moeder bleef leven. Deze ervaring, dat haar zoon niet gestorven was, maar als een deel van haar wezen bleef leven, was een grote steun voor haar. Het onderbewuste van de moeder kende de gewoonten en activiteiten van haar zoon zeer goed. Het hart van de moeder, dat niet de kracht bezat om de waarheid dat haar zoon gestorven was te accepteren, streefde ernaar om hem door haar te laten leven. Dit was de conclusie die mijn intellect trok. Die vrouw had geen toneel gespeeld, ze was geïdentificeerd met de persoonlijkheid van haar zoon. Zelfs de dood kan die liefdesband niet verbreken. Ik zal me die waarheid altijd herinneren, dat de doden blijven leven in het hart van degenen die van hen houden.

Verlichte zielen kunnen zich met iedere goddelijke bhāva identificeren. Deze oneindige vele goddelijke bhāva's zijn ook in ons allemaal, maar een gewoon mens kan alleen menselijke of duivelse bhāva's manifesteren, terwijl een Satguru als Amma zich met iedere goddelijke bhāva kan identificeren. Er was een tijd dat ik Amma altijd heel nauwkeurig gadesloeg tijdens bhāva darshans. De Guru kan het spelletje meespelen met de dwaas die, zelfs nadat hij bij Haar is gekomen, probeert Haar met het intellect te evalueren. Ook ik probeerde de oneindigheid die Amma is, te meten met de beperkte meetlat van mijn intellect. Amma, de belichaming van mededogen, zag mijn gedragingen als die van een onwetend kind en lachte gelukzalig om mijn zwakheden. Als de zoon met zijn vader worstelt, vindt de vader het niet erg om zijn nederlaag toe te geven. Niet alleen dat, hij zal niet vergeten zijn zoon om zijn kracht te prijzen. Een vader handelt op deze manier om zijn zoon gelukkig te maken. Op dezelfde manier bleef Amma me aanmoedigen zolang ik probeerde haar op intellectueel niveau in te schatten.

Dusshāsana die probeerde Draupadi te ontkleden, stortte uiteindelijk in, uitgeput[10]. Totdat ook ik neerviel, uitgeput door mijn pogingen de Waarheid te ontrafelen met een intellectuele tactiek, wachtte Amma geduldig en vol compassie.

---

[10] In de *Mahābhārata* draagt Duryodhana Dusshāsana op om Draupadi in het openbaar te ontkleden om haar te vernederen. Totaal hulpeloos roept ze Heer Krishna aan. Zijn genade maakt dat de sari die ze draagt een eindeloos lange doek wordt.

In het Prieel
van het Hart

5

Zelfs in stilte is muziek. Zelfs in bewegingloosheid is dans. Zelfs in lelijkheid is schoonheid. Zelfs in de hitte van verdriet is de koelte van gelukzaligheid. We kunnen dit allemaal ervaren wanneer goddelijke liefde ontwaakt. Het waren de eerste lessen die ik in Amma's heilige aanwezigheid leerde. "Zoon, hoe kunnen we iets afwijzen? We moeten weten hoe we van het leven kunnen genieten. We moeten ons aan God overgeven zodat Hij de ideeën die we gekoesterd hebben kan corrigeren. We moeten een houding van overgave hebben. De opvattingen die onze geest gekoesterd heeft, moeten verwijderd worden."

Bij zonlicht merken we de aanwezigheid van vuurvliegjes niet op. Kaarslicht is dan niet nodig. De dageraad van wijsheid verdrijft alle ervaringen van waarneembare verschijnselen. Amma is die zon van kennis. Zij is de stroom van mededogen die ons van de schaduw van individualiteit naar de lichttoren van totaliteit voert.

Amma was het antwoord op al mijn twijfels. Ze was ook het bewijs voor alle antwoorden. In Amma's aanwezigheid verdwijnen logica en intellect. De kolossale ijslagen van mijn ego smolten tot tranen die Haar heilige voeten wasten.

Mijn leven werd een terugreis naar mijn verloren jeugd. De tijd die volgde bracht me het bewustzijn bij dat jeugd niet een toestand is die alleen zij die tot een bepaalde leeftijdsgroep behoren, kunnen ervaren. Allen die in Amma's aanwezigheid komen, beseffen dat mensen van iedere leeftijd de lieftalligheid van de jeugd kunnen ervaren. Dit wordt duidelijk op de momenten dat we ons ego aan God of de Guru overgeven. Ik besefte niet dat Amma's nabijheid een kind van me maakte. De betoverende kracht van Haar moederlijkheid veroorzaakte het gevoel dat we waggelende dreumesen waren. De stroom van Amma's liefde en mededogen loste mij op in een non-entiteit. Ik zag een nieuwe betekenis in alles wat ik zag en hoorde.

* * *

Het *Taipuyam*festival[11] in de tempel in Harippād: duizenden verdrongen zich in de tempel en op de straten om naar de *kāvadi*dans te kijken. Veel toegewijden die een religieuze gelofte afgelegd hadden, dragen de kāvadi als een offer aan Heer Muruga. Velen dansten op de maat van trommels en muziek. Wat prachtig was het gezicht van duizend pauwenveren die tegelijk bewogen. De menigte toegewijden danste uitbundig, het was een symbool van onschuld zonder gemaaktheid. Ze dansten niet voor iemand of voor een bepaalde beloning. De extase van devotie vindt zijn hoogtepunt in dansen. Bij het eerste gezicht van deze dansers was het duidelijk dat het geen betaalde dansers waren en dat ze niet dronken waren. Deze toegewijden hadden dagenlang alle aspecten van de gelofte nageleefd. Zij aanbaden Heer Muruga en bedelden om aalmoezen met de intentie alle gevoel van persoonlijke trots en eer los te laten. Ze waren zelfs bereid hun lichaamsbewustzijn aan God over te geven. Voor hen waren dit onbeschrijflijk gelukzalige momenten. Het waren zuivere zielen die de materiële

---

[11] De dag van pūyam (pushyam), het achtste maansterrenbeeld, in de maand Tai. Deze dag is traditioneel gewijd aan Heer Muruga. Volgelingen dragen een kāvadi (een versierde gebogen paal), versierd met pauwenveren om Muruga gunstig te stemmen. Veel kāvadidragers dansen. Sommige doorboren hun lichaam met speren en drietanden. Sommige lopen, als onderdeel van hun gelofte, over een bed van brandende kolen.

wereld vergeten hadden, ook al was het tijdelijk. Ze bewogen zich op het ritme van de kosmische dans. Deze toegewijden kregen de gedaante van Muruga's kleurrijke voertuig.

Zulke festivals zijn een gelegenheid om de heilige ervaring te hebben dat men tot drager van het goddelijke getransformeerd wordt. Om een voertuig voor God te worden moet ons hart een heilig altaar worden. Zoals Heer Krishna tegen Arjuna zei, is het lichaam een tempel. Amma herinnert ons eraan dat we goddelijk-heid in ons ervaren wanneer ons hart een tempel wordt. Amma streeft ernaar ons allemaal tot mobiele tempels te maken. We moeten een drager van het goddelijke worden, in staat om vrede over de wereld te verspreiden. Zelfs degenen die in sensueel genot weggezakt zijn, kunnen onschuld en zuivere devotie door geloften bereiken. De drietanden die de huid doorboren, verwonden deze toegewijden niet. Ze branden zich niet als ze over een bed met brandende kolen lopen. De reden is dat hun geest op God gericht is. Op dat moment werpen de natuurelementen geen obstakels op hun weg. Shankarācārya's leerling, die alles vergat toen hij de Guru hoorde roepen, liep gewoon over de rivier. Lotusbloem-bladen kwamen op om zijn voeten te ondersteunen[12]. De natuur kan degenen die zich verliezen in de herinnering aan God, alleen maar helpen. De momenten waarop we, ook al is het kort, onze identificatie met het lichaam, de geest en het intellect vergeten, geven wonderlijke ervaringen.

"Zoon, is er iets onmogelijk voor iemand die het ego vernie-tigd heeft?" Amma heeft haar woorden van niemand geleend. Ze stromen als ambrozijn van de troon van alwetendheid waarop ze gezeten is. Amma is de goddelijke aanwezigheid die zelfs vragen over God irrelevant maakt. "Is er iets dat niet God is?" Misschien begrijpt niet iedereen deze woorden van Amma. Een gewoon iemand kan het gebied van het lichaam, de geest en het intellect

---

[12] Deze leerling kreeg de naam Padmapāda, wat lotusvoet betekent.

geheel of gedeeltelijk transcenderen wanneer hij zijn individualiteit vergeet. Iemand die over zijn geliefde droomt, merkt iemand die voor hem loopt niet op. Een werkster die aan haar baby denkt die ze thuis slapend heeft achtergelaten, merkt het niet op als haar kleren vlam vatten. Er zijn tijden in het leven van gewone mensen dat hun zintuigen ophouden te functioneren zonder dat ze het weten, maar ze kunnen deze toestand niet handhaven. Als de activiteit van de geest ophoudt, wordt het rijk van goddelijke ervaringen in ons geactiveerd.

Toen ik eens tijdens Devi Bhāva in Amma's aanwezigheid was, zag ik een groep mensen uit Tamil Nādu dansen en rauw lachen. Ze bewogen snel, met de ogen dicht en hun lichamen kwamen onder het dansen dicht bij elkaar. De dans was zo levendig dat het met de dansers gedaan zou zijn, als ze onder het dansen zouden botsen. Het verbaasde me dat ze nooit tegen elkaar opknalden, hoewel ze met hun ogen dicht dansten. Later vernam ik dat ze een eed afgelegd hadden om door het vuur te dansen bij het heiligdom van Mādan in Kollam. Ik hoorde ook dat ze alleen aan hun vuurdans zouden beginnen nadat ze Amma's toestemming gekregen hadden. Ik vroeg hun waarom ze Amma om toestemming vroegen. Ze zeiden dat ze zich steeds verbrand hadden als ze zonder Amma's toestemming dansten. Deze toegewijden die gekomen waren om haar toestemming te vragen, dansten nu met totale overgave. Ze dansten met angstaanjagende snelheid en lachten de hele tijd onstuimig. Ik begreep de betekenis van deze lachende dans niet. Ik vroeg het Amma.

Ze zei: "Zoon, misschien zien ze God als iemand die van schril gelach houdt. Niet te beheersen gelukzaligheid kan in zulk lachen culmineren. Dit wordt dan een dans."

Als woorden onvoldoende worden om de emoties van de geest uit te drukken, worden ze dans. Wanneer we kwaad worden, veranderen onze gebaren, onze blik verandert, onze bewegingen

veranderen, onze ademsnelheid verandert, onze gelaatsuitdrukking verandert. Ze worden dansachtig. Als we liefde voelen, is er
een verandering in de beweging van onze armen en benen. Onze
gebaren en gelaatsuitdrukking veranderen totaal en veranderen
in dans. De gelukzaligheid van goddelijke ervaring verandert
ons in dansers.

We kunnen het leven volgens onze ideeën veranderen. We
kunnen de God van onze verbeelding realiseren. We kunnen alles
zijn wat we willen, maar de juiste ideeën moeten eerst in onze
geest ontkiemen.

We kunnen Volheid in dit leven zelf bereiken. Door haar eigen
leven toont Amma ons de weg om dat te doen. De opofferingen
die ze ondergaan heeft, om ons van de dichte wirwar van het
intellect naar het lommerrijke prieel van het hart te leiden, zijn
onbeschrijflijke verhalen. Waarom dit menselijke leven verspillen?
Waarom opgesloten blijven in de dwangbuis van ons lichaam,
geest en intellect? We moeten dit heilige leven als een gelegenheid beschouwen om uit de gevangenis van gehechtheden los te
breken en op te stijgen tot onverwoestbaarheid. Amma werkt er
voortdurend aan om goddelijke eigenschappen in ons wakker te
maken door haar blik vol compassie, troostende aanraking en
ambrozijnen uitspraken. Het leven wordt prachtig als we onze
kijk veranderen.

De Zon van Kennis

6

De inktzwarte duisternis van de nacht vlucht voor de opkomst van de zon. De angstige sfeer die door de duisternis wordt gecreëerd, wordt verdreven. Alle twijfels verdwijnen. De zonnestralen bezielen alle wezens met nieuwe vitaliteit. Hetzelfde geldt voor de verandering die de dageraad van Amma, de zon van kennis, in ons schept.

Meer alarmerend dan de nacht is de duisternis die door onwetendheid veroorzaakt wordt. De geest kan de illusie creëren van iets wat niet bestaat. Dit denken is ook de oorzaak van onze onwetendheid over alles wat wel bestaat.

Als we alleen de uiterlijke wereld proberen te leren kennen en niet onszelf, kunnen we de werkelijkheid niet begrijpen. Alles wat we zien en horen zijn alleen projecties van onze eigen opvattingen.

Iemand die verloren stond temidden van mensen die in onbekende talen spraken, voelde zich gerustgesteld toen hij de klank van zijn eigen taal hoorde. Toen iemand hem uitlegde waarover de anderen gesproken hadden, veranderde zijn gelaatsuitdrukking. Hoewel hij er zich niet van bewust was, kwam er langzaam een glimlach op zijn gezicht.

De arme man had gedacht dat de anderen de draak met hem staken. Hij besefte pas dat ze hem geprezen hadden, toen iemand die zijn taal sprak zich aanbood om de zaak geduldig aan hem uit te leggen. Hij realiseerde zich dat hij tijd verspild had door medelijden met zichzelf te hebben, terwijl hij blij had moeten zijn.

Het is een groot geluk dat wij een *mahāguru* (grote guru) in de vorm van een Moeder bij ons hebben om dergelijke misvattingen over het leven te verdrijven.

karayunna tiniyentin akhilēśi tirupādattanaññenna tariññillayō

Waarom huil je? Weet je niet dat je de Heilige Voeten van de Godin van het Universum bereikt hebt?

Uit de bhajan *Akalattākōvilil*

Houd deze regels in gedachten. Maar zelfs nadat we Amma's darshan ontvangen hebben, kunnen vijanden in de vorm van voorkeur en afkeer de oorzaak van droevige ervaringen worden. Toch kunnen we ze met ons onderscheidingsvermogen vernietigen.

Ik herinner me een voorval dat plaatsvond voordat ik een āshrambewoner werd. Op een bepaalde bhāva darshandag kreeg ik niet de kans om met Amma te spreken. Ik voelde me terneergeslagen en ging in een hoek van het terrein voor de kalari zitten. De dageraad naderde. Hoewel de bhāva darshan voorbij was, was Amma nog niet gaan slapen. Veel toegewijden voor de kalari stonden om haar heen. Sommige mensen hadden de indruk dat Amma, zodra de bhāva darshan over was, weer een kind zou worden. Ze schrok er nooit voor terug om luid te zingen, grappen te maken of zelfs met toegewijden te worstelen. Amma wist hoe ze een kind moest zijn tegenover hen die haar als zodanig zagen. Ze wist ook hoe ze Devi moest zijn tegenover hen die haar als Godin zagen. Misschien waren deze *līlā's* nodig om ons te leren dat Amma alles kon zijn wat ze wilde. Hoeveel gelukzaligheid de mensen in haar aanwezigheid ervaren, werd sprekend uitgedrukt door hun gelaatsuitdrukking. Degenen die met de bus van vijf uur moesten vertrekken, gingen niet bij Amma weg. Ze waren de belichaming van onschuld geworden, zich volledig niet bewust van tijd of plaats. Ze zongen en dansten met Amma.

Plotseling stond Amma van die plaats op. Ze rende naar waar ik zat. Ze ging naast me op de grond zitten en vroeg: "Zoon, waarom zit je alleen? Wil je Amma niet? Ben je sterk genoeg geworden om helemaal alleen te zitten? Alleen zijn is goed, zoon. Je geniet zeker van de ervaring van het alleen zijn!" Ze wiegde mijn hoofd op haar schouders en zong:

Enne marañ̄u ñān ennilūtannoru tankakkināvil layiccu
kōtiyabdhangal pinnitta kathakalen cāru sirayiludiccu
yarnnu
Annutottanyamāyi kānan kazhiññilla ellām
entātmāvennōrttu

Ik vergat mezelf en ging op in een gouden droom die van binnenuit opkwam.
De gebeurtenissen van miljoenen voorbije jaren kwamen in me op.
Vanaf die dag kon ik niets meer als anders of gescheiden van mijn eigen innerlijke Zelf zien. Alles was een enkele eenheid.

Uit de bhajan *Ānandavīthiyl*

Amma zei: "Zoon, als je de gelukzaligheid van eenzaamheid hebt gekend, heb je het gevoel van anders zijn niet meer." *Vanaf die dag kon ik niets meer als anders of gescheiden van mijn eigen innerlijke Zelf zien. Alles was een enkele eenheid.* Amma zong die regel telkens opnieuw.

Zij die één met de natuur geworden zijn, zij die weten dat ze opgelost zijn in de oceaan van Brahman, hebben geen enkel besef van 'de ander'. Alles is van hen. Ze zien hun eigen Zelf overal.

Alleenzijn betekent niet eenzaamheid. De gedachte dat we eenzaam zijn leidt tot verdriet. Het verontrust je. Het vernietigt zelfvertrouwen. Het veroorzaakt angst en vult het leven met ellende. Maar met alleenzijn is dat niet zo. Het is een toestand van eenheid met God. Het is vervuld van de onschatbare momenten dat men zijn hart met God deelt. Waar is de plaats waar we alleen kunnen zijn? Als God overal aanwezig is, heeft het geen zin om zelfs maar te denken dat we alleen zijn. We moeten er genoegen in scheppen alleen te zijn.

Het leven gaat snel. Waar is de tijd voor alleenzijn als we verstrikt zijn in het net van gehechtheden? Het materiële leven wordt een gevangenis. Als we daar blijven, hoe kunnen we dan de schoonheid van de gouden dageraad van eeuwige vrijheid kennen? Daarom zegt Amma: "Kinderen, word vrij. Begrijp dat het leven op het ogenblik slavernij is. Verander de ideeën die je tot nu toe gekoesterd hebt."

Een olifant die in een val gelopen is, geeft zich tenslotte aan zijn trainers over. Na zijn training probeert hij niet meer om los te breken, zelfs als de omheining van takken is gemaakt. Er is niemand om hem te vertellen dat hij gevangen zit in een kooi van twijgjes. De olifant verbeeldt zich dat hij omheind is door ijzer en probeert zich met zijn gevangenschap te verzoenen. We zitten gevangen in een kooi die nog fragieler is dan de omheining van takken, maar toch kan een genotzuchtig mens of een lui iemand hieruit niet losbreken. Alleen de dapperen kunnen dat. Als we uit deze gevangenis kunnen uitbreken, zullen alle ideeën die we hebben gehad, uitgewist worden. Het leven zal een speelplaats worden om oneindige gelukzaligheid te ervaren.

Door te oefenen kunnen we alleen blijven zelfs als we ons in een waanzinnige menigte bevinden. We moeten de geest trainen. Als we het Zelf in alles kunnen zien, begint het besef van de 'ander' te vervagen.

We moeten onszelf kracht geven in plaats van die te verspillen. We moeten een bron van energie worden. Wanneer het licht van het Zelf begint over te stromen, zal het gevoel opkomen dat je eigen Zelf alles gevuld heeft. Laten we Amma's advies ter harte nemen: "Verkwist je energie niet met anderen op hun kop geven of met treuren."

We moeten de gelukzaligheid van het alleenzijn absorberen in plaats van in afzondering te piekeren. Als we onze pijn aan de Heer overgeven, zullen zelfs onze tranen van verdriet zoet zijn. We moeten oppassen dat we ons niet identificeren met de regenwolken van ons verdriet. Deze wolken drijven over. Hoe kunnen de wolken van onze zwakke gedachten de zon van ons Zelf verduisteren? Het idee dat de wolken de zon verduisteren is een waanidee. Hoe nietig zijn de wolken vergeleken met de omvang van de zon! Eén ademstoot is genoeg om de wolken van zwakte te verdrijven! Voor ons lijken de wolken de zon te verduisteren, maar in feite verduisteren ze ons zicht, niet de zon. We moeten het oog openen dat niet door Māya's sluier gesloten kan worden, het oog van Kennis!

Amma is gekomen om ons oog van Kennis te openen. In ruil daarvoor accepteert ze de last van onze zonden. Voor de mahātma's die mededogen belichamen, is zelfs samsāra een speelterrein.

De tocht naar het Zelf is als het beklimmen van een berg. Omdat het een expeditie naar de top is, moeten we ons van onnodige lasten ontdoen, anders zal de reis zwaar zijn. Hoe lichter de bagage, des te gemakkelijker de reis.

In werkelijkheid is niets wat we met ons meedragen, noodzakelijk. We zijn als de gek die een hoop afval in zakken stopt en het de berg opsleept. Vermoeid en niet in staat om de reis te voltooien zullen we ten slotte omkomen.

We kunnen de last van onze karmische schuld, die we vele levens hebben meegedragen, aan Amma's voeten neerleggen. De barrières van egoïsme storten in haar aanwezigheid in. De kosmische krachten hebben haar opgeroepen om miljoenen levens te redden. Het verdriet van samsāra lost op in de schittering van universeel moederschap.

De wereld wordt in stand gehouden door de betoverende kracht van de liefde. Waar liefde is, is geen afstand. Als er liefde is, wordt zelfs taal overbodig. Stilte is de taal van het *Ātma*, de ziel. De Ganga van Liefde valt als een waterval vanaf het niveau van het Ātma. Woorden zijn niet bij machte om te omschrijven wat stilte kan overbrengen. In vroeger tijden communiceerden Guru en leerlingen in stilte. Ze hadden een toestand bereikt waarin ze alles konden begrijpen zonder te praten. Dit is mogelijk op het hoogtepunt van de liefde. De moeder weet wat haar hongerige kind nodig heeft, nog voordat zijn gezichtje bleek wordt.

Ik had uit woorden of boeken niet de wijsheid kunnen halen die Amma door deze stilte overbracht in de eerste dagen van mijn aanwezigheid bij haar. Ik leerde dat we, als we goed opletten, gaan beseffen hoe groot de veranderingen in ons zijn door een verandering in Amma's gelaatsuitdrukking. Eén enkele blik van haar heeft meer kracht dan duizend woorden. Wat kan er niet onderwezen worden? Dat is wat de Guru onderwijst.

Amma onderwees zelfs in de dagen dat ze in stille meditatie verzonken was. Ze probeert altijd menselijke harten door de hoogste liefde te verenigen. De Gurus stortvloed van genade stroomt uit over de leerling die een houding van liefde en overgave heeft. Door deze houding van overgave maakte Ekalavya zich de lessen in het boogschieten van Dronācārya[13] eigen. Waar liefde is, is overgave. Een *jñāni*, een kenner van de hoogste waarheid, is

---

[13] Volgens het verhaal in de *Mahābhārata* had Dronācārya, een meester in het boogschieten, geweigerd om Ekalavya te leren boogschieten, toen deze hem voor instructies benaderde. Maar Ekalavya leerde in het geheim door Dronācārya heimelijk te observeren en dan voor een beeld van Dronācārya te oefenen. Als Dronācārya hierachter komt, eist hij als zijn *Guru dakshina* (honorarium) de duim van Ekalavya. In de geest van echte overgave aan de

verliefd op het universum. Hoe kan iemand die alles in zichzelf ervaart, niet liefhebben? Toen het kind Krishna Zijn mond opende om het hele universum te tonen, viel Yashoda flauw. Hoewel Amma's kinderen niet de kracht hebben om het kosmische visioen te doorstaan, is Amma gekomen, voorbereid om ons alles door haar moederlijke affectie te laten begrijpen.

Iedere gedachte in onze geest kan de natuur geweldig beïnvloeden. Daarom is het een misdrijf om de natuur met onze slechte gedachten te verontreinigingen.

Manah kritam kritam rāma, na sarīra kritam kritam zegt de wijze Vashishtha in *Yoga Vashishtha*. Wat de geest doet is een handeling, niet wat het lichaam doet. Met andere woorden een handeling wordt alleen als een handeling beschouwd als de geest achter die handeling zit. Maar zelfs als we alleen met de geest en niet met het lichaam handelen, kunnen we toch de resultaten van die handelingen oogsten, ook al deden we het niet met het lichaam.

Amma waarschuwt ons dat we heel voorzichtig met het instrument van de geest moeten omgaan. De manier waarop de mensen met hun geest omgaan is hetzelfde als een kind dat een brandende toorts gekregen heeft. De geest gebruiken zonder zijn geheimen te begrijpen kan totale ondergang veroorzaken.

Daarom geeft de Guru ons een mantra, zodat we de geest kunnen temmen. De mantra herhalen is een manier om de gedachtestroom te zuiveren. Het is niet gemakkelijk om helemaal van gedachten af te komen, maar we kunnen goede gedachten gebruiken om andere gedachten te verzwakken en geleidelijk helemaal op te laten houden. Zoals Amma zegt: als we zoet water in een pot met zout water blijven gieten, zal het zoutgehalte geleidelijk afnemen. Daarom moeten we onze geest met nobele

---

Guru hakt Ekalavya blij zijn duim af en geeft die aan Dronācārya, hoewel hij weet dat hij daardoor het boogschieten nooit meer zal kunnen beoefenen.

gedachten vullen. Dan zullen we heel snel innerlijke zuiverheid kunnen bereiken.

Verliefd op de Natuur

7

In India is aanbidding niets anders dan een oefening om de mensen verliefd op de natuur te laten worden. We kunnen nog steeds het verschijnsel ervaren dat ieder voorwerp in de natuur de onschuldige *sankalpa's* (besluiten) van de mensen vervult.

Ik herinner me een voorval dat plaatsvond toen ik in de vierde klas zat. Ik verbleef in het huis van mijn pūrvāshram moeder. Het was binnen loopafstand van mijn school. Ik genoot ervan door de suikerrietvelden en zijweggetjes te kuieren. Toen ik voor het middageten thuiskwam, zei mijn grootmoeder: "Zoon, na het eten moet je naar de nāgatempel gaan. Je oom wacht daar." Pas toen herinnerde ik me het feest bij onze familietempel. Grootmoeder stond erop dat alle familieleden aan de aanbidding deelnamen.

Ik rende de stenen trap voor het huis af. Rennen is natuurlijk voor kinderen die snelheid leuk vinden en traagheid niet. Vermoeidheid is kinderen vreemd, terwijl enthousiasme in iedere beweging duidelijk aanwezig is. Toen ik naar de tempel holde, voelde ik dat ik op iets rubberachtigs getrapt had. Ik draaide me om om te kijken. Het was een cobra met opgeheven schild. Geschrokken rende ik weg achter een boom en keek toe. Hij gleed langzaam naar voren totdat hij het pad bereikt had dat ik moest nemen. Daar bleef hij liggen. Hoe kon ik dat pad nu nemen? Ik realiseerde me dat rennen een slecht idee geweest was. Ik zei tegen mezelf dat ik geen kortere weg had moeten nemen als er ook een brede weg was die ik had kunnen nemen. Ik keerde naar huis terug en dacht aan de slang die me niet gebeten had, hoewel ik erop getrapt had. Toen ik bij de poort kwam, zag ik dat mijn grootmoeder op me stond te wachten. Zodra ze me zag, lachte ze en zei: "Ik wist dat je zou komen. Ik heb tot de slangengoden gebeden."

"Waarom?" vroeg ik verbaasd.

"Ik ben vergeten je de kokosnoot te geven die in de tempel als offergave gegeven moet worden. Daarom heb ik tot de slangengoden gebeden om je terug te laten komen." Toen ik mijn grootmoeder vertelde dat ik op een slang had getrapt, zei ze: "Maak je geen zorgen, mijn jongen. De slangengoden zullen je geen kwaad doen." Ze deed een kokosnoot in een zak en gaf me die. "Mijn kind, je moet deze kokosnoot offeren in het heiligdom van de slangengoden."

Op een keer was mijn grootmoeder duidelijk bedroefd toen de bloementros aan de kokospalm niet tot vruchten was gerijpt. Ze had toen beloofd: "Als deze kokospalm vruchten draagt, zal ik de eerste bos kokosnoten aan de slangengoden geven." Maar mijn ooms die niets van deze gelofte wisten, hakten alle kokosnoten van de bomen, zodat ze kokoswater konden drinken. Zelfs mijn arme grootmoeder vergat haar gelofte! De volgende keer dat deze boom vruchten droeg, leken ze op slangen. Mensen kwamen van overal om de kokosnoten te zien, die op het opgeheven schild van een slang leken. Alle kokosnoten werden in het heiligdom van de slangengoden geofferd. Als blijk van berouw deed mijn grootmoeder de gelofte hierna ieder jaar een kokosnoot te offeren. Het was de kokosnoot voor dat jaar die grootmoeder me gegeven had.

Op die prille leeftijd dacht ik niet na over de betekenis van deze voorvallen. Het is niet moeilijk te accepteren dat *de dingen zo zijn*. Op die leeftijd is er geen ruimte voor twijfel. Er komen echter vragen op wanneer het intellect zich begint te ontwikkelen. De verklaring voor zulke ervaringen, die alleen degenen die de mysteries van de kosmische geest hebben gepeild, kunnen geven, scheen toen natuurlijk. Later, toen ik een antwoord voor deze verschijnselen zocht, begon ik te accepteren dat er veel verschijnselen in de natuur zijn, die het intellect niet kan begrijpen.

Zowel bewegende als niet bewegende wezens (dat wil zeggen mensen, dieren en planten) kunnen de vibraties begrijpen van een geest die in harmonie met de natuur is. De onschuldige zuiverheid doet de bloemen van het hart opengaan. Amma liefkoost ons met de koele bries van moederlijke liefde om ons te vullen met de zoete geur van de liefde. Als we beseffen dat Amma's onzichtbare handen overal in het universum zijn, ontwikkelen we zelfvertrouwen.

Amma zegt dat alles door onschuldige sankalpa's tot stand kan worden gebracht. Die onschuld is natuurlijk voor een jñāni. Hoewel de onschuld van een kind en een jñāni op elkaar lijken, is de oorzaak van de onschuld van een kind onwetendheid, terwijl het bij een jñāni alwetendheid is.

De schoonheid van de onwetendheid van een kind en de schoonheid van de wijsheid van een jñāni maken beiden tot het middelpunt van de aandacht. Zelfs het zien van de jongen van een wild dier roept in iedereen gevoelens van tedere affectie op. Wie anders dan een jñāni als Amma kan tegelijk een kind en de universele moeder zijn?

Hoewel we allerlei facetten aan Amma kunnen onderscheiden, zoals het vertrouwen dat ze iedereen kan zijn die ze wil, onbevreesdheid, een gevoel voor humor, en de nederige houding dat ze niets weet, weeft ze zelf de sluiers van Māyā die anderen belemmeren te begrijpen *wat* Amma is. Soms denk ik terug aan de dagen dat ik rondzwierf, me er niet van bewust dat Zelfkennis niet verlicht wordt door het vage licht van het intellect.

Fietsen was een hobby in mijn studententijd. Ik fietste vaak door verlaten rijstvelden. Deze uitstapjes werden totaal andere ervaringen, nadat ik Amma ontmoet had. Ik stond stomverbaasd toen ik Amma's affectie in ieder schouwspel van de natuur gemanifesteerd zag. Als ik kleine kikkertjes, die van mijn fiets geschrokken waren, in het water zag duiken, kon ik niet over de richels blijven fietsen. Ook had ik de moed niet om de groep veelkleurige vogels uiteen te jagen, die blij rondom de lapjes grond liep en een scala van kleuren aan het landschap toevoegde. Toen ik begon te beseffen dat alles de glorie van God verkondigde, vervulde ieder tafereel me met goddelijke vreugde.

We kunnen nooit genoeg krijgen van de schoonheid van de natuur, hoeveel we er ook van genieten. Als we erin slagen met de ongerepte stroom van de liefde van de natuur mee te gaan, zullen onze opvattingen over tijd en ruimte ophouden te bestaan. Toekomst en verleden verdwijnen wanneer we het hoogtepunt van goddelijke liefde bereiken. Ook de tijd lost op. Liefde kan ons zo op de drempel van *samādhi* brengen.

Mijn fietstochten door het landschap met rijke natuur eindigden vaak met een probleem. Op een keer ging ik tot de schemering door met fietsen. Het was een van die tochten die ik ondernam zonder enig benul waar ik heen ging. Uitgestrekte rijstvelden aan alle kanten. Toen ik besefte dat ik de weg kwijt was en geen idee had waar ik was, stapte ik af. Ik wilde het aan iemand vragen, maar omdat de gebruikelijke werktijden voor de boeren voorbij waren, was er niemand op die verlaten plek. Ik stapte weer op en wilde doorrijden totdat ik iemand tegenkwam. Ik had geen idee waar ik heen reed. Ik miste de kans niet om de pracht van de nacht in me op te nemen. De zilverkleurige wolken leken me in het maanlicht te vergezellen. De angst dat ik helemaal alleen was verdween. Plotseling gebeurde het: mijn fietslicht ging uit! Ik kon de weg niet meer zien en ging een hoek om. Daardoor slipte mijn fiets en viel ik in een kleine vijver. Toen ik zag dat het vuile water mijn kletsnatte kleren okerkleurig geverfd had, voelde ik een bepaalde vreugde. Misschien was dit een voorteken van een grootse daad die ik in de toekomst zou stellen, dacht ik. Ik haalde mijn fiets eruit, zette hem op de richel en onderzocht hem. Toen ik het wiel draaide, zag ik dat het licht het goed deed. Hoe kon ik teruggaan zonder mijn kleren te wassen? Er was geen teken van een huis in de buurt. Ik kreeg een tempeltje in het oog bij waar ik gevallen was. Hij was dicht, omdat de dagelijkse aanbidding voorbij was. Toen zag ik ver weg een lichtje. Ik liep erheen. God zij dank! Het was een huis. De lamp die bij de schemering aangestoken was, was niet uitgegaan. Toen de man van het huis een vreemdeling in die ongebruikelijke kledij zag, vroeg hij: "Wat is er gebeurd? Zo te zien ben je in het rijstveld gevallen." Hij leidde me het huis binnen en zorgde ervoor dat ik een bad kon nemen. Na het bad zat ik op de veranda. Ik droeg natte kleren. Ik had ze gewassen omdat ze vuil waren.

"Mijn kind, mensen vallen altijd juist op die plek. Niemand weet waarom. Het is de route die de Godin neemt. Niemand trekt dat pad met een fiets over. Zij die het geprobeerd hebben, vallen altijd." De man glimlachte en ging verder: "Je bent op dat punt waarschijnlijk niet van je fiets afgestapt."

De vrouw des huizes verscheen met een kop koffie en zei: "Hier is een kop warme koffie."

Toen ik de kop aannam, dacht ik: "Dit is echt verbazingwekkend. Amma heeft overal mensen de taak toevertrouwd om liefde uit te drukken." Ik herinnerde me haar onsterfelijke woorden: "Kinderen, denk niet dat Amma tot dit lichaam beperkt is."

Er moet een onzichtbare kracht geweest zijn die dit echtpaar inspireerde om zoveel liefde en vriendelijkheid voor een volkomen vreemde uit te drukken. In het besef dat Amma's handen hierachter zaten, knielde ik in mijn hart voor die mensen en ging terug naar huis.

De stroom van Amma's liefde stelde me in staat om me bij iedereen als een kind te voelen. Haar advies om altijd een beginner te zijn sloot iedere mogelijkheid uit dat het ego zijn lelijke hoofd op kon steken. Ik vertrok pas nadat ik precieze instructies gekregen had hoe ik terug moest gaan. Toen ik bij de tempel kwam, had ik zin om een tijdje onder de banyanboom te rusten. Er was een klein, oud, bouwvallig heiligdom achter de vervallen tempelmuur. Ik zat een tijdje onder de banyanboom. Ik realiseerde me niet dat ik daar tot de dageraad zat. Ik probeerde me te herinneren wat er gebeurd was. Toen ik de bloemen op mijn schoot zag, kon ik me langzaam de gebeurtenissen die hadden plaats gevonden voor de geest halen.

Toen ik onder de banyanboom zat, begon het te regenen. Door de wind vielen veel bloemen op mijn schoot. Toen ik op probeerde te staan, kon ik het niet. Ik kon me zelfs niet bewegen. Ik was bedroefd. Plotseling doordrong de geur van jasmijnbloemen de hele plaats. Ik kon wel raden wiens handen mij streelden. Een aanwezigheid die niet door het maanlicht verlicht werd, bracht me naar de wereld van gelukzaligheid, een van die zeldzame momenten dat de tijd ophoudt. Toen ik wakker werd, begon ik als een kind te snikken. Als men van de liefde van de Universele Moeder gedronken heeft, raakt men daarna aan niets anders gehecht. Voorover in de vijver vallen en later de goddelijke ervaring die me in de schoot geworpen werd – ik begreep dat alles door de genade van Jagadīshvari, de Godin van het Universum, gebeurd was. De vrede die ik onder de banyanboom ervoer was dezelfde vrede waarvan ik geniet als ik naast Amma zit. Met ogen vol tranen herinnerde ik me Amma's woorden: "Amma is niet beperkt tot dit lichaam."

Beproevingen bij het Zoeken naar God

8

Velen hadden geen juist begrip van Amma's bhāva darshans. De meesten hadden de zienswijze dat Amma tijdens de bhāva darshans door de geest van Krishna of Devi bezeten was. Ik had over deze zaak ook mijn twijfels. Krishna en Devi die iemands lichaam *bezaten*? Het vernietigen van blind geloof was mijn doel toen ik God voor het eerst begon te zoeken.

Ik begon Amma tijdens de bhāva darshans zeer nauwkeurig te onderzoeken. Hoewel mijn intellect het niet kon accepteren, stelde de buitengewoonheid van wat ik zag, me voor een raadsel. De spontaniteit en perfectie van iedere beweging van Amma veroverden al spoedig mijn hart. Wat was precies een bhāva darshan? Wat gebeurt er met Amma in die tijd?

Wat Amma goddelijk maakt is de volledigheid van haar bhāva's. Als ze in een moederlijke stemming is, is ze een moeder die ons met affectie overlaadt. Als ze de Guru Bhāva aanneemt, is ze een strenge meester. Als ze in Krishna Bhāva is, is ze de lieveling van Ambādi[14] die iedereen met haar grappen aan het lachen brengt. In Devi Bhāva is ze Parāshakti, de Moeder van het Universum. De volledigheid van deze bhāva's kan men alleen in God zien. Men zal die volkomenheid nooit kunnen waarnemen in een menselijke handeling, die gevolgd wordt door de schaduw van beperkingen en gemaaktheid.

---

[14] Plaats waar Krishna opgroeide.

Toen ik nog op school zat, ging ik een keer naar een fluit-concert. Ik was helemaal gefascineerd. Ik wilde heel graag leren fluitspelen, maar mijn vader was er geen voorstander van. Hij keurde alles af wat mijn aandacht van het schoolwerk afhield.

Op een dag zag ik een man prachtig fluitspelen in een tempel in de buurt waar feestelijkheden plaatsvonden. Naast hem waren een paar fluiten te koop. Ik kocht er een en probeerde in mijn eentje te leren fluitspelen. Het was te moeilijk. Ik besefte dat ik een Guru nodig had die me kon leren fluitspelen. Ik onthulde mijn probleem aan mijn grootmoeder.

Ze deed een suggestie. Ze zei dat het genoeg was als ik tot Heer Krishna bad, de beste fluitspeler aller tijden. Hij zou het me zeker leren. Mijn grootmoeder garandeerde het. Ik vertrouwde haar. Ik ging naar een Krishnatempel en bad tot de Heer om mijn fluitleraar te worden. Mijn gebeden werden beantwoord. In minder dan geen tijd kon ik een paar simpele liedjes op de fluit spelen. Ik was in de zevende hemel.

Ik besloot om Amma te testen om te zien of ze zich kon herinneren dat Heer Krishna me gezegend had om fluit te leren spelen. Op een keer toen het Krishna Bhāva was, verpakte ik de fluit in papier en bracht hem naar de kalari. Ik liet Amma het pakje zien en vroeg haar of ze kon zeggen wat erin zat. Ze antwoordde lachend: "Zoon, vertel jij het me maar."

Ik zei: "Ik weet wat erin zit. Ik ben degene die het ingepakt heeft. Ik wil het van Amma horen."

Amma lachte alleen als antwoord. Uiteindelijk liet ze het me zeggen. Ik dacht dat ze er niet achter was kunnen komen wat het was en zei haar dat het een fluit was.

Toen zei Amma: "Zoon, er zit geen fluit in. Het is een koker met wierookstokjes!"

"Amma, u heeft het mis!"

Toen ik triomfantelijk verklaarde dat het mijn fluit was en dat ik hem zelf ingepakt had, vroeg Amma me hem uit te pakken. Terwijl iedereen vol spanning toekeek, pakte ik het pakje uit. Wat ik zag maakte me sprakeloos. Het was een metalen koker met wierookstokjes. Ik kon mijn ogen niet geloven. Hoe was dit gebeurd?

"Amma, bent u een tovenaar? U hebt een fluit in een koker wierookstokjes veranderd!" Ik wilde Amma niet verder testen, maar wilde mijn fluit terug. Ik vroeg: "Waar is mijn fluit?"

"Ik weet het niet. Was jij niet degene die hem ingepakt had?"

Ik kon haar vraag niet beantwoorden en stond met mijn mond vol tanden. Een tijdje later zei Amma: "Het is achter de afbeelding van Heer Krishna in de pūjakamer bij jou thuis."

Ik keerde meteen naar huis terug, ging de pūjakamer binnen en zocht naar de fluit. En ja hoor, hij was precies waar Amma gezegd had dat hij zou zijn. Hoe was dit gebeurd? Ik was geschokt. Ik besloot de zaak grondig te onderzoeken. Ik probeerde me in chronologische volgorde te herinneren wat er die dag was gebeurd.

Toen ik die dag de fluit had ingepakt en op het punt stond thuis weg te gaan, hoorde ik mijn pūrvāshram moeder uit de keuken roepen: "Zoon, ga pas wanneer je iets gegeten hebt."

Omdat het te vroeg was, wilde ik niets eten, maar omdat mijn ma er opnieuw op aandrong, liet ik de ingepakte fluit op de tafel in de woonkamer achter en ging naar de keuken voor mijn ontbijt. Op dat moment kwam mijn vader thuis met een in papier verpakte koker wierookstaafjes. Voordat hij de pūjakamer inging, ging hij naar de badkamer om zijn benen te wassen en liet het pakje wierook op de tafel achter. Nadat hij zijn benen gewassen had, pakte hij per ongeluk de ingepakte fluit op in plaats van de wierookstaafjes en legde die achter de afbeelding van Krishna, waar hij gewoonlijk de wierook bewaarde. Toen ik uit de keuken terugkwam, pakte ik het pakje op dat ik op tafel zag liggen. Ik dacht dat het de fluit was waarmee ik Amma wilde testen en liep snel naar de bushalte. Ik was me er toen niet van bewust dat Amma die wel van een grapje houdt, de twee pakjes al verwisseld had om een streek met me uit te halen. Ik was blij toen ik wist dat ik mijn fluit niet verloren had. Ik realiseerde me ook dat je nederlaag erkennen tegenover iemand van wie je houdt, veel gelukzaligheid geeft.

In de *Mahābhārata* vindt een voorval plaats in de jaren die de Pandava's incognito doorbrachten. Op een dag ontmoette Heer Krishna de Pandava's. Hij ging liggen, legde Zijn hoofd op Arjuna's schoot en begon met hem te praten. Hij vroeg: "Arjuna, zie je die kraai daarginds?"

Arjuna keek zorgvuldig en zei: "Ja, mijn Heer, ik zie die kraai."

De Heer zei toen: "Ik denk dat het een koekkoek is."

Arjuna antwoordde: "Ja, het is zeker een koekkoek."

De Heer zei toen: "Arjuna, het is geen koekkoek, maar een jonge pauw."

Zelfs toen zei Arjuna: "U heeft gelijk. Ik kan zien dat het een prachtige jonge pauw is."

De Heer zei toen: "Arjuna, in feite is het geen kraai, geen koekkoek en ook geen jonge pauw. Het is een gier."

Hij vervolgde: "Je kunt met je eigen ogen kijken en zeggen, wat voor vogels het is. Als dat zo is, waarom was je het dan eens met alles wat ik zei?"

Arjuna's antwoord paste bij een echte toegewijde: "Heer, omdat U almachtig bent, kunt U een kraai in een koekkoek veranderen en een koekkoek in een pauw. Ik weet dat Uw waarneming juister is dan de mijne."

Met dit verhaal in gedachten zette ik een punt achter mijn neiging Amma te testen. Amma stort uitgebreid haar genegenheid over ons uit en streeft ernaar de mysteries van het leven voor ons te openen. Ze creëert omstandigheden die ons op een dag uit de slaap zullen wakker maken en ons naar dat uitzicht zullen leiden. We moeten er onophoudenlijk naar streven ons perspectief op een hoger plan te brengen. We moeten onze spirituele visie ontwikkelen zodat we God kunnen waarnemen. We zullen dan in de vervoering van gelukzaligheid kunnen zingen, zoals Amma. Een Guru als Amma is als een brug die ons naar de hoogste staat kan leiden. Deze brug heeft twee einden: de ene is de oever waarop wij staan en de andere leidt ons naar de oever van Onsterfelijkheid. Daarom zegt men dat de Guru groter dan God is.

Een mahātma zei eens: "Ik kan God opgeven, maar mijn Guru kan ik nooit opgeven. De reden is dat God me met dit leven gezegend heeft, maar de Guru heeft me uit het netwerk van Māyā bevrijd."

Dit in beschouwing nemend, is een Guru als Amma zowel dichtbij als ver weg. We kunnen Amma's moederlijke affectie voelen. Tegelijkertijd is ze niet aan ons materiële lichaam gehecht en is ze altijd ondergedompeld in de oceaan van hoogste gelukzaligheid. In die zin kun je zeggen dat ze ver weg is. Jezus Christus zei: "Ik ben de weg en het Doel." Als we een band met de Guru ontwikkeld hebben, zal Ze een brug zijn die ons naar het hoogste doel leidt. Wil dat gebeuren, dan moeten we intense liefde voor de Guru hebben. Die liefde zal ons naar de eindeloze kust van de oceaan van gelukzaligheid leiden. De Guru beschijnt ons pad met het heldere licht van juist begrip. Het enige wat de Guru doet is het herstellen en helder maken van ons goddelijk gezichtsvermogen. In die helderheid wordt alles mogelijk.

Amma zegt dat onwrikbaar vertrouwen nodig is om het hoogste doel te bereiken. Als we bij haar blijven, zullen we beseffen dat niets onmogelijk is. Ieder individu heeft immense kracht, omdat goddelijkheid iedereen eigen is. De bron van ons bestaan is God, maar de menselijke geest vergeet dit. Omdat mensen zich indenken dat ze zo'n kracht niet hebben, proberen ze kracht te krijgen met kunstmatige middelen zoals geld, macht en kracht. Miljoenen mensen doen dat, maar ze zoeken op de verkeerde plaats. Zonder de oceaan kunnen de golven niet bestaan. Een golf is niets anders dan een deining in de oceaan. Het is het natuurlijke, gelukzalige spel van de oceaan. De golf heeft ongeëvenaarde kracht, maar hij realiseert deze kracht alleen wanneer hij er zich van bewust wordt dat hij een manifestatie van de uitgestrekte oceaan is.

De golf kan dit vergeten. Zelfs als hij niet eens weet wat een oceaan is, is hij nog steeds in die oceaan. Amma, de oceaan van mededogen, is hier nu bij ons om ons van onze echte aard bewust te laten worden.

Ik herinner me een voorval dat tijdens een Krishna Bhāva darshan plaatsvond. Tijdens Krishna Bhāva gaf Amma altijd darshan met één voet op een voetbankje. Men kon haar hele lichaam duidelijk zien trillen. De kleding en sieraden waarmee de toegewijden haar versierden, glinsterden terwijl haar lichaam trilde. Er was een ondeugende glimlach op haar gezicht als ze opzij keek. Zelfs de kleur van haar huid werd donkerblauw. Haar goddelijke schoonheid was niet onder woorden te brengen. De vele toegewijden raakten geabsorbeerd in vurige devotionele liederen en ervoeren hemels geluk. Taferelen van toegewijden die met een zwaar hart vol verdriet gekomen waren en daarna in lachen uitbarstten, waren heel gewoon tijdens Krishna Bhāva. Degenen die gekomen waren om hun verdriet te vertellen, kregen daartoe vaak niet de gelegenheid. Hun mond werd volgestopt met stukjes banaan of ze kregen voortdurend water uit de waterpot in hun mond gegoten. Uiteindelijk vergaten ze al hun leed en gingen lachend weg. Hoewel ze niets mochten zeggen, merkte ik op dat de oplossing voor hun problemen hun in de oren gefluisterd werd. Hoe kent Amma de geest van anderen? Zou ze mijn geest kunnen begrijpen? Of weet ze alleen maar wat ze met haar ogen kan zien? Ik probeerde haar te testen.

Met haar blik en aanraking vol mededogen zegende Amma
de groep toegewijden, die verbaasd stond over de kracht die ze
bezat, een kracht die de hemel op aarde kan creëren. De toegewijden verlangden naar de mogelijkheid om bij Amma te staan
en haar koelte toe te wuiven. Ze aarzelden niet om voor die kans
te wedijveren. Die dag kreeg ik de kans haar koelte toe te wuiven.
Hoewel ik lang stond te wuiven, werd ik helemaal niet moe en
daarom had ik helemaal geen zin om de waaier door te geven aan
degenen die erom vroegen. Tijdens Krishna Bhāva ging Amma
van tijd tot tijd naar de ingang van de kalari om te kijken naar
de toegewijden die buiten wachtten. Zij vergaten alles in de vervoering van de bhajans en dansten in gelukzaligheid toen ze die
betoverende vorm zagen.

Amma liep naar de deur van de kalari. Amma staarde naar de
deinende menigte volgelingen buiten en wiegde heen en weer. De
hartstocht van de mensen die bhajans zongen nam toe. Amma's
tejas (spirituele uitstraling) leek zich op haar gezicht geconcen-
treerd te hebben.

Ik keek naar het voetenbankje, waar Amma haar voet opgezet
had. Daarnaast stond een pot met gesneden stukjes banaan die
Amma als prasād in de mond van de toegewijden stopte. Niemand
keek naar me. Alle ogen waren op Amma gericht. Ik pakte een
stukje banaan en stopte het in mijn mond. Amma keek toen ook
naar buiten. Ik wilde weten of ze wist wat ik gedaan had. Na tien
minuten keerde Amma terug naar waar het voetenbankje stond.
Toen had ik het stukje banaan al doorgeslikt. Amma keek naar
me en glimlachte. Ze wendde zich tot de volgelingen die overal
stonden en zei: "Pas op! Er is hier een dief!"

Alleen Amma en ik begrepen wat er gebeurd was, de anderen
niet. Amma nam een sjaal die ze droeg en bond met één eind mijn
handen samen. Het andere einde bond ze om haar middel. Vele
uren gingen voorbij. Door de enorme menigte toegewijden ging

de darshan lang door. Aan het einde van de darshan fluisterde Amma in mijn oor: "Zoon, Amma heeft je streek gezien."

"Ik besef nu dat Amma zelfs ogen in haar achterhoofd heeft." Toen Amma mijn antwoord hoorde, glimlachte ze. Ze maakte mijn handen los. Toen had Amma mijn ziel voor altijd aan de hare gebonden met koorden van liefde die nooit losgemaakt kunnen worden.

De Zoetheid
van de Dood

9

Iedereen is bang voor de dood. Het verlangen om het leven te behouden is in alle wezens even sterk. De dood is een goddelijke ervaring. Hij wordt vaak onze Guru. Pas toen Koning Parikshit wist dat hij ging sterven, raakte hij onthecht. Prins Siddharta's gepreoccupeerdheid met de dood zette hem op het pad naar het boeddhaschap.

De waarheid is dat alleen degenen die goede daden verricht hebben en een zuiver leven geleden hebben, van de dood kunnen genieten. Amma zegende me met een ervaring die me de grootste geheimen van de dood leerde.

Nadat ik Amma had leren kennen, verliet ik de universiteit gewoonlijk in de weekends om snel naar Vallickavu te gaan. Op maandagochtend dwong Amma zelf mij om naar de universiteit te gaan. Toen ik op een maandagmorgen afscheid van haar ging nemen, zei ze me dat ik die dag niet moest gaan. Ik was in de wolken. Ik kon dus die hele dag bij Amma doorbrengen.

Zijzelf maakte eten voor me klaar. Ze liet me naast haar zitten en lang mediteren. Later besefte ik dat Amma dit alles gedaan had om me op een nieuw leven voor te bereiden.

Toen Bālagopāl (Swāmi Amritaswarupānanda Puri) en ik die avond na de bhajans achter de kalari stonden te praten, beet een slang me. Er begon bloed uit de wond op mijn been te druppelen. We stonden versteld en wisten niet wat te doen. Langzaam ging ik zitten. Plotseling kwam Amma uit het niets tevoorschijn. Ze begon het bloed uit de wond te zuigen.

Toen bracht ze wat geheiligd water uit de kalari, reciteerde wat mantra's en vroeg me het met kleine teugjes op te drinken. De pijn werd erger. Na een tijdje werd het steeds moeilijker voor me om zelfs maar te zitten. Amma liet me in haar schoot liggen en begon te mediteren. Ik was me er bewust van dat mijn handen en benen gevoelloos werden en mijn ademhaling langzamer werd. Toen ik in Amma's schoot lag, bereidde ik me op de dood voor, die plotseling gekomen was. Kon er een groter fortuin zijn dan in Amma's schoot te sterven?

Het levensbewustzijn, dat zich scheidde van het lichaam dat uit de vijf elementen bestaat, bracht me naar een andere wereld. Ik kon mijn eigen inerte lichaam in Amma's schoot zien liggen. Zelfs doodgaan werd een zalige ervaring. Dat is wat er in de aanwezigheid van een mahātma gebeurd.

Zij die aanwezig waren, stonden hulpeloos om me heen en wisten niet wat ze moesten doen. Enkele buren stonden erop dat ik naar een traditionele genezer van slangenbeten werd gebracht. Zonder Amma, die in meditatie verzonken was, toestemming te vragen droegen enkele mensen me naar de genezer. Maar de heler zei dat we te laat gekomen waren en dat hij niets kon doen. Uiteindelijk brachten ze me naar Amma terug. Ze zat nog in meditatie verzonken.

Toen de dageraad aanbrak, opende ik mijn ogen. De pijn in mijn been was volledig verdwenen. Het was alsof alles een droom was geweest. Ik was helemaal niet moe. De volgende dag vroeg ik Amma: "Waarom is dit gebeurd? En dat nog wel in Amma's aanwezigheid?"

Ze verfrommelde een stukje papier dat ze in haar handen had tot een bal en gooide het omhoog. Toen ving ze het met haar andere hand op en zei: "Een voorwerp dat omhoog gegooid wordt, komt naar beneden. Dat is een natuurwet. Maar je kunt met je andere hand verhinderen dat het naar beneden valt. Gebed en goede daden kunnen de resultaten van karma verzachten. Je hoeft geen slaaf van het lot te zijn. Dit zou gebeurd zijn, waar je ook geweest was. Amma weet dat je niet bang zult zijn als je hier bent. Daarom vroeg Amma je die dag niet naar de universiteit te gaan."

Toen ik thuis was en mijn horoscoop raadpleegde, was ik verbaasd, hoewel ik geen vertrouwen in astrologie had. Volgens mijn horoscoop was er een grote waarschijnlijkheid dat ik op mijn eenentwintigste door een slang gebeten zou woorden, wat mijn leven in gevaar zou brengen. Er werd gesuggereerd dat ik veel tempels zou bezoeken, veel offergaven zou doen en pūja's zou verrichten om het kwade lot af te wenden.

De horoscoop voor de rest van mijn leven was niet getrokken; er stond alleen dat een toekomst twijfelachtig was.

Dit incident opende mijn ogen voor het feit dat de sankalpa van een mahātma de kracht heeft om ons zelfs over ons noodlot heen te helpen. Het bleek ook een zegen te zijn omdat ik hierdoor van mijn familieleden toestemming kreeg om een spiritueel leven te leiden.

Altijd Onam

10

Alleen al het horen van het woord Onam[15] maakt iedereen in Kerala blij. Het is dé tijd in het jaar dat we al ons verdriet kunnen vergeten. In die tien dagen kunnen we feestvieren in de nostalgie van een probleemloze tijd, gekenmerkt door de schoonheid van gelijkheid.

Als kind wenste ik vaak dat het altijd Onam kon zijn. Wat is iedereen gelukkig met Onam! Er is zoveel liefde en samenwerking! De vreugde die de mensen met Onam voelden, verlichtte enorm de pijn die ik voelde als ik mensen zag lijden. Toen ik hoorde dat er een tijd was dat het altijd als Onam was, was ik verbaasd. Hoe was dat verloren gegaan? Wie was daar verantwoordelijk voor?

---

[15] Het oogstfeest in Kerala, dat een van de meest populaire festivals is en tien dagen gevierd wordt. Het wordt geassocieerd met de legende van Mahābali's ontmoeting met Vāmana. Mahābali was een vriendelijk en rechtvaardig koning, wiens utopische regering hem bij al zijn onderdanen geliefd maakte. Zijn enige tekortkoming was dat hij te trots was op zijn vrijgevigheid. Toen hij een keer goederen aan zijn onderdanen uitdeelde, benaderde Vāmana, een jonge brahmaan, hem en vroeg hem om drie stappen land. Toen Mahābali zijn kleine omvang zag, stemde hij er neerbuigend mee in. Vāmana, die niemand anders dan Heer Vishnu was, groeide. Met één stap bedekte hij de hele aarde. Met de tweede bestreek hij alle andere gebieden van het universum. Omdat Mahābali hem niets anders aan kon bieden, bood hij zijn hoofd aan voor de derde stap. Dit gebaar symboliseert de overgave van het ego. Heer Vishnu verbande hem naar de onderwereld en werd de bewaker van Mahābali's verblijfplaats. Men zegt dat Mahābali met Onam naar de aarde komt om te zien hoe zijn vroegere onderdanen het maken.

Toen ik het onderzocht, kwam ik erachter dat Heer Vishnu de oorzaak daarvan was. Toen ik in de tweede klas in mijn schoolboek een afbeelding zag van Vāmana die met één voet op Mahābali's hoofd stond, was ik woedend op Vishnu. Was het niet omdat de Heer Mahābali hier weghaalde dat alle problemen begonnen? Het was jaren later dat ik me realiseerde dat we de sfeer van Onam opnieuw kunnen creëren, zelfs in de afwezigheid van Mahābali.

In de aanwezigheid van Amma, de Moeder van het Universum, is het altijd Onam. Mensen vergeten verschillen in kaste en geloof. Vijanden worden vrienden. Waar kunnen we het schouwspel zien van rijken en armen, geleerden en ongeschoolden die opvattingen over verschillen vergeten en als Amma's geliefde kinderen samenkomen?

Herinneringen aan het eerste Onam nadat ik Amma had leren kennen, staan nog vers in mijn geheugen gegrift.

Op de avond voor Onam, na de darshan, sprak Amma met ons. Ze zei tegen mij en een paar andere mensen die daar waren: "Morgen is het Onam. Kinderen, jullie moeten komen."

Omdat het Onam was, verbood mijn familie me om weg te gaan totdat ik de Onamlunch gegeten had. Ze waren toen niet zo bevriend met Amma. Amma had ons geroepen zodat we samen met haar konden eten. Hoe kon ik het huis uit gaan? Tegen de tijd dat het koken voorbij was, was het al halftwaalf. Zodra ik het middageten op had, vertrok ik naar Vallickavu. Omdat de bussen overvol waren, stopte er niet een. Ik wachtte lang bij de bushalte. Hoewel de bus waar ik instapte laat kwam, bracht die me van Harippād direct naar Vallickavu. Het was halfvier toen ik daar aankwam. Ik ging de backwaters over en haastte me naar de kalari. Ik zal nooit vergeten wat ik daar zag. Het was zo aangrijpend.

Amma lag op de grond te slapen. Naast haar stond een kookstel. In de aarden pot die er op stond zat *chempu*[16], die de kraaien oppikten en opaten. Er waren stukken uit de pot gevallen en die lagen her en der verspreid.

Ik begreep er niets van. Ik stond stil als een standbeeld. Langzaam liep ik naar Amma en ging naast haar zitten. De adelaar die altijd in de āshram te zien was, was er, alsof hij de wacht hield.

Later legde Amma uit wat er gebeurd was. "Had Amma haar kinderen niet gezegd dat ze moesten komen? Amma vroeg zich af wat ze haar kinderen zou geven als ze kwamen. Amma houdt er niet van haar familie om iets te vragen. Ze maakte buiten een vuurtje, haalde wat chempu uit het groentetuintje en deed ze in de pot om ze te koken. Toen het zacht genoeg was, liet Amma het deksel erop, deed het vuur uit en wachtte op jullie, kinderen. Van tijd tot tijd ging Amma naar de pont om te zien of jullie al kwamen. Amma heeft ook niets gegeten. Toen het erg laat werd, ging Amma op de grond liggen en dacht: 'Heb ik een fout gemaakt door de kinderen uit te nodigen? Zal hun familie hen wel laten gaan, nu het Onam is?'"

Op dat moment pikte een kraai een stukje gekookte chempu en vloog ermee weg. Amma sprong op. Enkele stukken in de pot waren eruit gevallen. Er verschenen meer kraaien om de stukjes op te eten. "Wat kan ik mijn kinderen nu geven?" Amma was bedroefd. Ze deed alsof ze de kraaien wegjoeg. Het volgende ogenblik dacht ze: "Zij zijn ook mijn kinderen. Laat ze maar eten." Amma ging weer op de grond liggen.

Na een tijdje kwamen er enkele kinderen. Iedereen had iets voor Amma meegebracht. Ze pakte iedereen stevig beet en liet hen rondom haar zitten. Ze pakte de geschenken uit en deelde aan iedereen snoepjes van bananen en jaggery en andere zoetigheid uit.

---

[16] Colocasia, een soort knol.

Amma glimlachte naar iedereen. Haar ogen waren vol tranen. Het gezicht van die onschuldige glimlach deed ons allemaal huilen.

Daarna hadden we ieder jaar de Onammaaltijd alleen met Amma. We gingen naar huis en kwamen 's middags naar Amma om ons Onamfeest te vieren.

Tegenwoordig denkt niemand rondom Amma veel aan Onam, omdat het iedere dag Onam is. Hoe kan er in Amma's aanwezigheid verdriet zijn? Zoals sneeuw in de warmte van de zon smelt, smelt alle verdriet weg uit het hart van degenen die hun toevlucht gezocht hebben bij Amma, de goedgunstigheid zelve.

De Boodschap van Zonsopkomst

11

De majestueuze gezichten van de sterren begonnen te verbleken. Overal was de Natuur zich er al op aan het voorbereiden om de dageraad te verwelkomen. De koninginnen van de nacht die vorstelijk gestraald hadden, waren nu aan het verdwijnen.

Een yogi die de vrome lofliederen van de vogels hoorde toen hij in *tapas* (ascese) geabsorbeerd was, opende zijn ogen. Het was bijna zonsopkomst. Er was slechts één ster die nog niet verdwenen was. Hij zou nog even blijven flonkeren en dan zou hij ook uit het gezicht verdwijnen. Een zachte glimlach verscheen op de lippen van de yogi.

De taferelen van de natuur maken ons alert op de vergankelijkheid van de wereld. We kunnen van niets in deze wereld afhankelijk zijn. We kunnen ons aan niets vasthouden. Zij die zich de vluchtigheid van de wereld gerealiseerd hebben, streven ernaar vrij van alle banden te worden. Zo worden ze goddelijke ervaringen steeds meer waard, totdat ze ten slotte één worden met de oceaan van Brahman.

Vandaag de dag hebben de mensen haast. In die haast zijn zoveel levens verloren gegaan! Tegen de tijd dat we beseffen dat niets van wat we nastreefden blijvend is, is het te laat. Alles wat we tijdens de reis door het leven hebben opgespaard, werd een oorzaak van verdriet. Ondanks dat houden verwachtingen nooit op. Pas wanneer we alles krijgen waar we naar verlangd hebben, realiseren we ons dat er helemaal geen winst behaald is. Het enige wat blijft is ontevredenheid.

Zij die niet weten hoe ze de *vīna*[17] van het leven moeten tokkelen, brengen valse noten van ongemak voort. Om een stroom van eeuwige muziek te creëren, is de goddelijke aanslag nodig. De muziek van de ziel maakt de goddelijke ervaringen van *rāga* en *tāla*, melodie en ritme, wakker. Als we niet willen dat de vīna van ons leven nutteloos wordt, moeten we eerst leren hoe we die moeten gebruiken. We kunnen nooit met ons intellect vaststellen waar de muziek in de vīna is, maar het hart en de vingers van de musicus weten het! Het hart kan de waarheid doorgronden die het intellect niet kan onthullen. Het is een goddelijke ervaring waarop alleen een zuiver hart aanspraak kan maken.

Amma zei vaak: "Kinderen, ieder moment is kostbaar. Zelfs als je tien miljoen roepies verliest is dat niet zo erg, maar je moet zelfs niet één seconde verliezen. We kunnen de rijkdom die we verliezen altijd terugkrijgen, maar de tijd die we verspillen, kunnen we nooit terugkrijgen."

Op een keer werd een brahmachāri naar Kāyāmkulam gestuurd om wat benodigdheden voor de āshram te kopen. Omdat hij zelfs na lang wachten geen bus kon krijgen, kwam hij per taxi terug. Hij zei tegen Amma wat hij gedaan had. Ze vroeg: "Zoon, waarom heb je onnodig geld uitgegeven? Kon je niet met de bus terugkomen, ook al zou je laat geweest zijn?"

In alle nederigheid antwoordde de brahmachāri: "Amma, hebt u niet gezegd dat het beter is tien miljoen roepies te verliezen dan zelfs een seconde te verliezen? Pas toen ik een uur van mijn tijd verspild had met wachten op de bus, besloot ik een taxi te nemen."

Amma zei: "Wie heeft gezegd dat dat tijdverspilling zou zijn? Had je onder het wachten je mantra niet kunnen herhalen of de

---

[17] Een traditioneel Indiaas snaarinstrument.

bushalte schoonmaken? Je geest toestaan rond te dwalen is de grootste misdaad. De geest die eraan gewend is rond te zwerven haalt ons bij God weg. Geef de geest nooit de kans om niets te doen."

In de oude tijd met Amma hoorde ik op een keer enkele getrouwe volgelingen bij Amma klagen: "Amma, waarom toont u deze studenten zoveel liefde?" Ze waren geërgerd dat ze ons overlaadde met de liefdevolle affectie die moeders aan hun kleintjes geven. Iedereen wil Amma's liefde. Alle wezens, de beweeglijke en de onbeweeglijke, hunkeren naar haar liefkozingen. Ik heb gezien dat zelfs vogels en dieren om Amma's affectie wedijveren, om nog maar te zwijgen over mensen. Een kenner van de Waarheid wordt het middelpunt van de belangstelling voor iedereen. We wensen onwillekeurig: *"Als Amma nu maar deze kant uitkeek. Als Amma nu eens naar mij glimlachte. Als ze nu eens iets tegen me zei. Als ze nu eens naar me toe kwam..."* Amma is bezig ons allemaal met het koord van de Liefde te binden.

Ze probeerden Amma opnieuw eraan te herinneren: "Misschien is niet één van deze studenten goed." Zodra ze begonnen te klagen, werd de uitdrukking van Amma's liefde intenser. Zo konden we zien hoe de klachten en beschimpingen van anderen in een zegen veranderden. "Amma, waarom besteedt u zoveel tijd aan hen?" Toen ze dit hoorde, glimlachte ze.

Omdat ze de betekenis van haar glimlach niet konden begrijpen, vroegen ze: "Amma, waarom glimlacht u?"

"Wat kan ik anders doen dan glimlachen? Stel dat iemand vraagt: 'Dokter, waarom verspilt u uw tijd aan de zieken die naar het ziekenhuis komen? Is het niet voldoende om de gezonde mensen te zien?' Moet de dokter dan niet glimlachen? Het ziekenhuis is er voor de zieken. De gezonde mensen hoeven niet te genezen." Om de klagers gerust te stellen zei Amma uiteindelijk: "Kinderen, wees niet boos. Als ik tijd met hen doorgebracht heb, zal ik de prijs met rente berekenen."

Toen ze dat hoorden, waren ze getroost. Ze kwamen ons vertellen: "Amma heeft gezegd dat ze de prijs met rente zal berekenen."

"Welke rente?" vroeg ik ongelovig. Amma had gezegd dat ze rente zou vragen over de tijd die ze met ons had doorgebracht. Toen ik het woord 'rente' hoorde, begon ik onwillekeurig te lachen. Pas toen ik later over Amma's woorden nadacht, begon ik hun betekenis te beseffen.

Als ik tijd met hen doorgebracht heb, zal ik de prijs met rente berekenen. Zelfs de klagers hadden zich niet kunnen indenken, hoe hoog de rente zou zijn; dat we ons leven zelf moesten verpanden. Dit is de manier van de Guru. De leerling begrijpt de waarheid dat niets wat hij de Guru aanbiedt, op kan wegen tegen Haar liefde en opoffering. De leerling geeft zich aan de Guru over op dezelfde manier dat een eigenaar die een lening niet kan terugbetalen, de bank toestaat zijn bezit te confisqueren. De leerling geeft zich echter niet huilend over zoals de eigenaar, maar hij stort tranen van vreugde. Hij realiseert zich dat niets van wat hij verworven had een echte aanwinst was en dat er niemand anders is om op te vertrouwen. Omdat de leerling zijn hulpeloosheid beseft, zoekt hij toevlucht aan de voeten van de Guru. Hij geeft zijn leven aan de Guru over en geniet van de gelukzaligheid van de overgave.

Een voorbeeld van de ideale Guru is Vāmana, die de wereld die door Koning Mahābali geregeerd werd, met slechts twee stappen bestreek. De Guru neemt alle *prārabdha* (karmische last) van de leerling op zich, die zijn ego overgeeft. De geschiedenis van Mahābali die zich opofferde is onsterfelijk geworden. Het ego is inderdaad het grootste offer dat men de Heer aan kan bieden, en dat is wat Mahābali deed.

De eenheid van Guru en leerling is dat buitengewone moment waarop men met het ononderbroken bewustzijn versmelt, waarop men de heilige extase ervaart die uit de onbeschrijfbare, onschatbare momenten van overgave voortkomt. Nadat men zijn individualiteit overgegeven heeft, wordt het leven in deze wereld onnodig. Men verblijft in de wereld van de Guru. Daar is de Guru de bewaker. Heer Vishnu is Mahābali's beschermer. Deze veiligheid is ons vertrouwen meer waard dan welke veiligheidsmaatregel dan ook. Zo is de aanwezigheid van de Guru. Is er iets dat kostbaarder is dan de Heer als beschermer? Dat is wat Mahābali verkreeg. De Guru zet Haar voeten op het hoofd van de nobelste leerling die bereid is zijn hele leven over te geven aan de heilige voeten van de Guru. Door het ego te vertrappen maakt de Guru Zelfbewustzijn wakker.

De Guru is als de tuinier die de enorme boom in het zaadje ziet. Geen enkel zaadje wordt als onvruchtbaar beschouwd. De tuinman kan de bloemen zien die aan die boom zullen groeien en de vruchten die uit die bloemen tevoorschijn zullen komen. Op dezelfde manier is, wat de Guru betreft, geen enkel voorwerp nutteloos. Zij ziet overal alleen de kloppingen van het ononderbroken bewustzijn. De beeldhouwer ziet geen steen, alleen de gebeeldhouwde vorm van God. De Guru neemt de karmische last op zich van de leerling die zich overgeeft. Ze leidt zo'n leerling naar eeuwige vrijheid.

De Guru is degene die de oneindige mogelijkheden in ons ziet. Ze leidt ons van blind vertrouwen naar Zelfvertrouwen of vertrouwen in het Zelf. De Guru geeft de leerling de vleugels van devotie en vertrouwen waarmee hij kan vliegen van de gebondenheid aan vergankelijke objecten naar de eindeloze hemel van het Onvergankelijke. Wanneer men van de last van het ego bevrijd is, kan men eindeloos omhooggaan naar hemelse hoogten. Om de vlucht naar de wereld van het Zelf moeiteloos te maken, moeten we ons aan de Heer overgeven.

Lessen in
Onbaatzuchtigheid

12

De ervaringen die ik had nadat ik Amma ontmoet had, keerden mijn leven volledig om. Door de hele tijd aan Amma te denken kon ik andere dingen gemakkelijk vergeten, hoewel die vergeetachtigheid andere problemen creëerde. Niettemin was de gelukzaligheid die het schonk onbegrensd. Mediteren we niet, herhalen we onze mantra's niet en doen we pūja niet om al het andere te vergeten? Als we al het andere vergeten, daagt God in ons hart; of we vergeten alles in Zijn aanwezigheid. Dat overkwam mij ook.

"Is het juist dat een goed opgeleide jongeman zoals jij toegeeft aan blind geloof?"

Ik kon glimlachen om de twijfels en bespottingen van mijn vrienden. Hoe kon ervaring blind geloof zijn? Ik nam niet de moeite het uit te leggen. Het feit was dat de goddelijke extase waarmee Amma me bezield had, zelfs de geestdrift om te argumenteren had weggenomen.

De universiteit sloot voor de midzomervakantie, wat het ons mogelijk maakte Amma dagelijks te bezoeken. Op de meeste dagen bezochten Bālagopāl en ik Amma samen. Amma's vader hield er niet van als buitenstaanders daar te veel tijd doorbrachten. Er was toen geen āshram. Het was alleen Amma's huis. Niettemin konden we de hele dag bij Amma doorbrengen. De nachten brachten we in de open lucht bij de tempel in Ochira door. We mediteerden daar tussen de bomen. Hoe dichter we bij Amma kwamen, des te meer hindernissen leken er op onze weg te komen.

In die tijd had Amma meer getrouwde kinderen dan monastieke leerlingen. Iedereen wilde dat Amma hem speciale affectie en liefde toonde. Dit leidde tot sterke competitie onder de getrouwde volgelingen. Sommigen van hen vonden het niet leuk dat Bālagopāl en ik steeds vaker naar de āshram kwamen en daar bleven. We waren altijd samen. We kwamen samen voor darshan, zongen samen bhajans en mediteerden samen. Daarom noemde Amma ons een tweeling. Op de dagen dat wij Amma bezochten, bracht ze meer tijd met ons door dan met anderen. Wij waren er ons niet van bewust dat dit wrok kweekte bij sommige getrouwde volgelingen. Ze begonnen rancunes tegen ons te koesteren en dachten dat Amma meer van ons hield en dat ze aan hen geen aandacht gaf.

Op een dag kwamen de getrouwde volgelingen bijeen en klaagden bij Amma: "Sinds die studenten komen, hebben we niet de onverdeelde aandacht van de Kleine kunnen genieten." In die tijd spraken de toegewijden Amma aan als 'de Kleine', 'Amma' of als 'kleine Ammachi'. Soms gedroeg ze zich als een kind, soms was ze in de bhāva van een Moeder of Devi. Iedereen interpreteerde de līlā's van de incarnatie van de Universele Moeder op zijn eigen manier. "Ze zijn hier niet uit devotie, maar om de liefde van de Kleine te krijgen," zeiden ze. Ze aarzelden zelfs niet Amma te zeggen dat ze niet te veel belang aan ons moest hechten, omdat we alleen maar deden alsof we devotie hadden.

Vanaf de volgende dag praatte Amma helemaal niet meer met ons. Ze keek ons zelfs niet aan. Zelfs als we voor haar knielden, keek ze in een andere richting. Of ze zat met gesloten ogen. Zo niet dat, dan zei ze iemand anders bij haar te komen en begon met die persoon te praten. Vele dagen gingen zo voorbij. De getrouwde kinderen waren blij. Amma besteedde zelfs tijdens de bhāva darshans geen aandacht aan ons meer. Ze sprak niet met ons, glimlachte niet naar ons, keek niet naar ons. Wij raakten erg van streek omdat we niet wisten wat het probleem was. Als we hiervoor Amma bezochten, hadden we vaak niet gegeten. Amma kwam zelf naar ons toe en stond erop dat we aten, maar nu drong niemand erop aan. Daarom leden we honger. Dat Amma ons met de nek aankeek, brak onze geest. We hadden het gevoel dat we gek werden. We vergaten te eten en te slapen. Vele dagen gingen voorbij. We zaten alleen en huilden zonder dat iemand het opmerkte. Niettemin konden we niet bij Amma wegblijven. We bleven haar opzoeken.

Toen we op een dag in de āshram aankwamen, was Amma tussen de kokospalmen voor de kalari. Ze werd aan alle kanten door getrouwde volgelingen omgeven. Iedereen bulderde van het lachen bij het zien van Amma's fratsen. We stonden op een afstand, zo stil als een standbeeld, en sloegen het tafereel gade. Langzaam liepen we op haar af, knielden en gingen de kalari in. We sloten de deur achter ons. Amma's liefde verzadigde zelfs de tranen die over onze wangen stroomden.

Plotseling opende Amma de deur en kwam binnen. Ze omhelsde ons met beide armen. Haar ogen waren vol tranen. Niemand kon een woord uitbrengen. Op zulke momenten besefte ik dat stilte zo veel krachtiger is dan woorden. Na lange tijd verbrak Amma de stilte.

"Kinderen, koesteren jullie wrok tegen Amma? Het is niet omdat Amma haar kinderen graag pijn doet. Ze moest dit doen om de anderen de overgave die jullie hebben te laten zien, kinderen. Toen jullie hart pijn deed, brak Amma's hart. Sommige mensen hadden de indruk dat jullie alleen hier komen omdat Amma jullie liefde betoont. Ze beweren dat het niet uit devotie of vertrouwen is. Amma had geen andere manier om jullie onschuld tegenover deze mensen te bewijzen. Amma weet dat jullie hier zullen blijven komen, hoe wreed ze zich ook gedraagt, terwijl velen van hen niet meer zullen komen, als ik slechts één dag niet met hen spreek." Amma zei dit allemaal binnen gehoorsafstand van de anderen. Ze moest zich als een kind gedragen tegenover hen die haar 'de Kleine' noemden. Ik besefte toen dat iedere bhāva die Amma aanneemt, alleen voor ons bestwil is. En ze versterkte opnieuw onze overtuiging dat we altijd veilig zijn in haar handen. Weldra moesten veel jaloerse getrouwde kinderen Amma verlaten.

Amma zei vaak: "Kinderen, zij die geen mentale zuiverheid hebben, kunnen hier niet al te lang blijven. Deze grond is doorweekt van Amma's tranen. Zelfs de zandkorrels hier zijn geladen met de kracht van mantra's. Deze plaats is een centrum van onbaatzuchtigheid. Deze grond is voor onschuldige harten. Het is een toevluchtsoord voor degenen die verdriet hebben. Het is niet een plaats om je ego te versterken. Iedereen die de mensen tegenwerkt die de zuiverheid ervan proberen te bewaren, zal deze plaats moeten verlaten."

Achteraf werden we ons er bewust van dat Amma's woorden letterlijk waar waren geweest. We moeten ons egoïsme vergeten en ons als de kinderen van één Moeder verenigen, in ieder geval in de aanwezigheid van mahātma's. Geleidelijk moeten we ons de waarheid realiseren dat Amma's gezin uitgegroeid is tot de hele wereld. Wanneer we het hart ontwikkelen om de hele wereld als van ons te zien en er zo van te houden, zal de rivier van Amma's genade ons leiden naar de oceaan van *sat chit ānanda,* kennis bestaan en gelukzaligheid.

De Verandering
in het Hart van
een Atheïst

13

Overal om ons heen kunnen we mensen zien die de grote Gurus uitlachen en hen bespotten met de term 'menselijke goden'. Zij die weten dat alles goddelijk is, zien het menselijke niet. Zij zien overal alleen God. Voor hen die de goddelijke energie hebben zien trillen in beweeglijke en onbeweeglijke schepsels, in het grootste en in het kleinste, in bomen en in giftige slangen, is de kosmos zelf God. In dat bewustzijn verdwijnen de dauwdruppel en de grote oceaan. De kenner, het gekende en het kennen lossen allemaal op in de oceaan van Brahman. De wijzen die gerealiseerd hebben dat ze het getuige-bewustzijn zijn, dat in alle dingen verblijft, beschouwen zichzelf niet als het lichaam. Andere mensen denken dat zij een lichaam hebben. Toegewijden dachten dat Heer Krishna geïncarneerd was. Toen de Heer de līlā's met het donkerblauwe lichaam uitvoerde, wist Hij echter, ook dat Hij alomtegenwoordig was. De beperkingen van het lichaam beperken de alomtegenwoordigheid van mahātma's niet. Gewone mensen kunnen zich de ervaringen van de kenners van de Waarheid niet eens voorstellen. Desondanks doen mensen de zinloze poging om de jñani's te meten met de beperkte duimstok van hun eigen nietige intellect. God, die de aard van je eigen Zelf heeft, kan nooit door ijdele geleerdheid gerealiseerd worden.

Op een keer ontmoette ik enkele familieleden in Noord Kerala in mijn pūrvashram. Een van hen was een verstokte atheïst en een bewonderaar van Karl Marx. Hij sprak uitvoerig over het communisme en rationeel denken. Toen hij kritiek op Amma had, maakte ik bezwaren, maar omdat ik mijn ervaringen niet onder woorden kon brengen, raakte ik de draad kwijt. Ik had net de eerste beginselen van spiritualiteit geleerd. Hoe veel ik hem ook probeerde te vertellen over de extase van goddelijke liefde en de mogelijkheid om daardoor je kijk op het leven radicaal te veranderen, ik kon hem niet overtuigen. Hij begon mijn woorden ook te kleineren en gebruikte die spottende term 'menselijke goden'.

Ook ik voelde geen voldoening, hoeveel ik ook over Amma probeerde te spreken. Uiteindelijk bad ik tot Amma zelf: "Moeder, ik ben niet in staat uw oneindige glorie te prijzen. Wees alstublieft zo goed om deze man uw grootheid te laten beseffen." Toen ik Amma later opzocht, herinnerde ik haar aan deze zaak. Ik aarzelde zelfs niet haar te zeggen dat ze hem moest straffen. Toen Amma dit hoorde, moest ze lang lachen.

Toen zei ze: "Zoon, je moet in voorbije levens goede daden verricht hebben om te verdienen dat je door God gestraft wordt. Amma heeft niet de intentie om degenen die niet in haar geloven of die haar bespotten, te bestraffen. Amma streeft ernaar hen goede daden te laten verrichten en hen zo tot gezegende zielen te transformeren." Haar woorden wierpen licht op het doel van haar incarnatie.

Ik vergat het incident. Er gingen vele maanden voorbij voordat ik die atheïst weer tegenkwam. Ik was verbaasd. Hij was totaal veranderd. Hij had een sandelhoutteken op zijn voorhoofd. Hij droeg witte kleren en had een amulet om zijn pols.

"Wat is dit allemaal? Wat is er gebeurd?" vroeg ik hoogst verbaasd.

"O, niets," zei hij ontwijkend met een flauwe glimlach.

Ik drong erop aan dat hij sprak. Toen hij zag dat ik niet van plan was hem te laten gaan, was hij bereid zijn hart te luchten.

Hij vertelde me een incident dat maanden geleden had plaatsgevonden, nadat hij Amma bekritiseerd had.

Het moet na een uur 's nachts geweest zijn. Hij liep na een lange reis snel naar huis. Omdat hij de nachtbus vanuit de stad gemist had, besloot hij om een kortere weg door een veld te nemen. Die route zat vol gevaren, maar omdat hij er vertrouwd mee was en dat pad vele malen eerder genomen had, was het niet al te moeilijk voor hem om thuis te komen. Het was overal pikdonker. In het vage licht van zijn zaklantaarn kon hij het pad helemaal niet duidelijk zien. Hij had meer aan het maanlicht dan zijn zaklantaarn bij het verlichten van het pad voor hem. Hij moest een beek oversteken die langs het pad liep dat hij genomen had. Het was bekend dat deze plaats vergeven was van de giftige slangen. Toen hij het water in stapte, had hij het gevoel dat iemand hem volgde. Hij draaide zich om en zag de vorm van een vrouw in zuiver witte kleren. In die volkomen duisternis was alleen haar gezicht onduidelijk. Toen hij met zijn zaklantaarn in die richting scheen, zag hij niemand. Hij dacht dat het zachte maanlicht een illusie in het duister opgeroepen had. Zo stelde hij zich gerust en liep verder. Toen hij het geluid van voetstappen achter zich hoorde, draaide hij zich weer om. Het was opnieuw dezelfde vorm. Hij scheen met zijn zaklamp en liep naar de plaats waar hij de vorm had gezien. De vorm van de vrouw verscheen daarop ergens anders. Hij liep naar *die* plek. Steeds wanneer hij op de vorm af liep, verplaatste die zich naar een andere plaats. Zo besteedde hij veel tijd aan het rondlopen op die plaats. Hij was helemaal niet bang. Tegen de tijd dat hij thuiskwam, was iedereen al naar bed gegaan. Alleen zijn kamer, die op de bovenverdieping was, was niet op slot. Iemand had in die kamer het rekeningenboek gelegd van het kantoor van de politieke partij waarvan hij lid was. Hij ging in een stoel zitten met de bedoeling het boek door te nemen voordat hij naar bed ging.

"Toen gebeurde het!"

Ik merkte op dat zijn gelaatsuitdrukking veranderd was. Angst had zijn gezicht rood gekleurd. Zijn handen trilden.

"*Wat* gebeurde er toen?" vroeg ik ongeduldig.

Hij ging door met het verhaal. Iedereen in het huis, en zelfs de buren, hoorden een luide schreeuw en werden wakker. Iedereen rende naar de plek waar de schreeuw vandaan was gekomen. De man lag daar bewusteloos. Het in leer gebonden rekeningenboek had hij in zijn handen, vermorzeld als een *pappadam*. Enkele mensen pakten de man, die als een lijk op de grond lag, op en legden hem op bed. Ze gebruikten een lepel om zijn kaken van elkaar te wrikken en goten water in zijn mond. Na een tijdje opende de man zijn ogen. Langzaam ging hij rechtop in bed zitten. Hij verzamelde moed en zei: "Ik werd bang door een nachtmerrie."

Na een tijdje ging iedereen weg. Toen ze weer een schreeuw hoorden, renden ze terug. Toen de man weer bij bewustzijn kwam, legde hij uit wat er gebeurd was. Toen hij het rekeningenboek onderzocht, werd hij door een geluid opgeschrikt. Toen hij opkeek, zag hij de vorm die hij in het veld gezien had! Hij schreeuwde en viel flauw. Nadat hij weer bij zijn positieven gekomen was, had hij de vorm weer gezien, dit maal duidelijker. Hij kon zich niet herinneren wat er daarna gebeurd was.

Die dag werd hij verscheidene malen op die manier bang gemaakt. Hij kon er niet aan ontkomen. Zelfs na vele dagen veranderde de zaak niet. Hij werd zelfs bang om overdag zijn ogen dicht te doen. Vele dagen sliep hij niet. Omdat hij geen andere keuze had, raadpleegde hij veel priesters. Niemand kon zijn probleem oplossen. Uiteindelijk ontmoette hij een priester die een toegewijde van Devi was. Die man besefte meteen wat het probleem was. De priester zei: "Het is niets anders dan de aanwezigheid van Devi zelf. Verspil je geld niet aan iets anders. Er is maar één oplossing: bid tot Devi om haar tot bedaren te brengen. De man voerde toen 41 dagen lang een speciale aanbidding in een Devitempel uit. Toen ervoer hij wat opluchting. Daarna bond de priester een amulet om zijn pols. Steeds als hij de amulet verwijderde, keerde de situatie terug en creëerde problemen voor hem.

Toen ik het verhaal van de man hoorde, móest ik wel lachen. Meteen besloot ik hem mee te nemen naar Amma. Deze keer maakte hij er geen bezwaar tegen. Toen we de backwaters bij Vallickavu overstaken, hoorden we flarden muziek van de bhajans die voor de kalari werden gezongen.

Toen de man Amma zag, die op de veranda van de kalari zat, geabsorbeerd in de gelukzaligheid van de bhajans, schrok hij.

"Wat is er aan de hand? Waarom word je bang?" vroeg ik.

Hij antwoordde met trillende lippen: "Dit is precies die vorm die ik steeds maar zag!"

Hij rende naar Amma en viel aan haar voeten. Hij stortte in en huilde. Hij smeekte om vergeving. Amma legde het hoofd van de man op haar schoot en begon hem te strelen. Ze haalde de gewijde amulet van zijn pols af.

"Zoon, je hoeft dit niet meer te dragen. Je hoeft voor niets meer bang te zijn. Je hoeft alleen bang te zijn voor het ego in je. Je kunt angst overwinnen met een devotionele houding. Het vertrouwen van anderen kapotmaken staat gelijk met het vermoorden van een brahmaan. Daarom, mijn zoon, moet je verzoeningsriten uitvoeren om anderen vrede te schenken. Zij die van anderen kunnen houden als van zichzelf, hebben geen tempels of andere plaatsen van aanbidding nodig. God zelf is bereid zulke mensen te dienen.

"De meesten zijn echter niet in staat om onbaatzuchtig te werken. Ze kunnen de samenleving niet meer dienen dan ze van hun eigen familie kunnen houden. Alleen mahātma's hebben de wereld kunnen dienen zonder een vergoeding te accepteren, omdat ze God in alles zien. Echt dienen is alleen mogelijk wanneer

99

men een gelijkmoedige visie heeft. In āshrams, tempels en andere plaatsen van aanbidding worden we geoefend om iedereen als God te zien. Vertrouwen in en aanbidding van God verruimt de menselijke geest en is van vitaal belang voor gewone mensen." Amma's woorden veranderden die man in een ideale toegewijde en sociale werker.

Het is natuurlijk voor de Heer om compassie met Zijn volgelingen te voelen, maar ik stond versteld toen ik Amma diezelfde compassie zag uitdrukken tegenover mensen die wij als wreed beschouwen. Het is gemakkelijk om van hen te houden die van ons houden, maar het is niet gemakkelijk om van hen te houden die ons beledigen. Amma's blijvende aard is echter om evenveel liefde te geven aan degenen die liefhebben als aan degenen die haten.

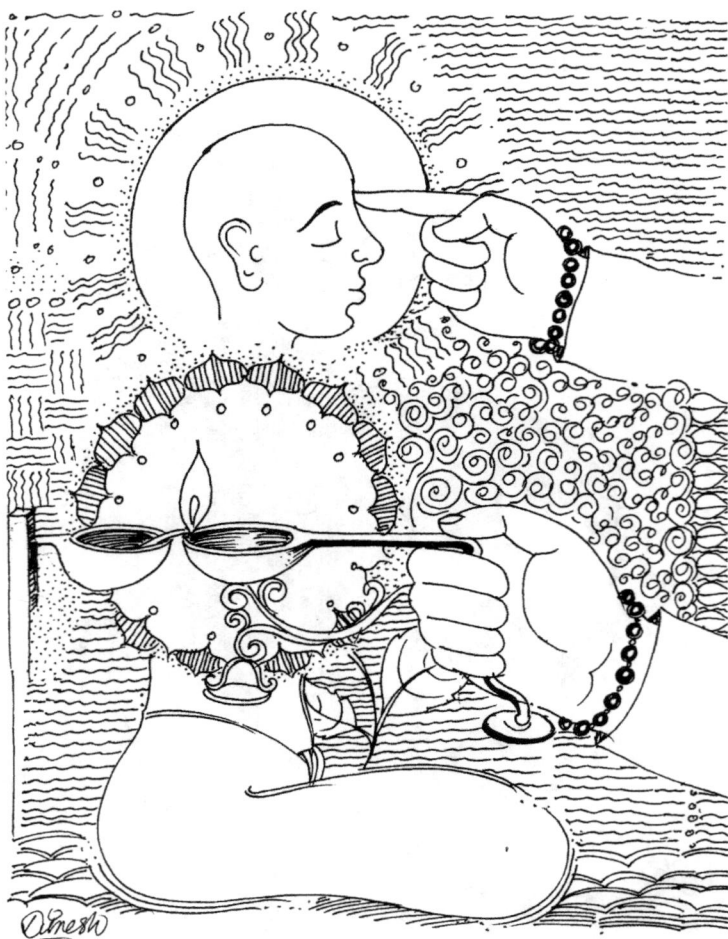

Verjaardagscadeau

14

Weinig mensen hebben er een hekel aan hun verjaardag te vieren. We vergeten de waarheid dat elke verjaardag die we vieren, ons dichter bij de dood brengt. Iedere verjaardag herinnert ons eraan dat onze levensduur weer met één jaar verkort is. Als we geboren zijn, moeten we sterven; er is geen andere weg, nietwaar? Alles wat geboren is, zal ook sterven. Wat is dan de manier om de dood te vermijden? Vermijd de geboorte. Met andere woorden het idee dat we geboren zijn, moet sterven. Voor iemand die weet dat hij niet het lichaam is, maar de ziel, is er geen dood. De veranderingen in het lichaam beïnvloeden hem niet. Het bewustzijn dat men het Zelf is dat het lichaam, de geest en het intellect overschrijdt, kan alleen ontstaan door de genade van een Satguru als Amma.

Ik word herinnerd aan een van mijn verjaardagen voordat ik in de āshram kwam wonen. Op die dag ging ik naar Vallickavu om Amma te zien. Met een instelling die te veel belang aan verjaardagen hechtte, kwam ik daar aan. In mijn handen had ik de *pāyasam* (pudding) die ik na het verrichten van een pūja in een tempel gekregen had. Ik had niets gegeten. Ik was naar Vallickavu gegaan, vastbesloten alleen te nemen wat Amma aanbood. Wat voor verjaardagscadeau zou ze me geven?

Toen ik bij het terrein voor de kalari kwam, zag ik iets lachwekkends: Amma worstelde met Acchamma. Zo noemde iedereen Amma's grootmoeder van vaderskant. Acchamma hield van Amma's streken. Amma zag me, maar ik voelde dat ze me negeerde. Dat was gewoonlijk niet het geval. Gewoonlijk rende ze op me af, zodra ze me zag, maar nu deed ze alsof ze me niet gezien had en bleef met anderen praten. Uren gingen voorbij. Het werd schemering. Amma zat voor de kalari en begon bhajans te zingen.

Ik zat op wat afstand, op de open veranda van de hut van kokosbladeren, en mediteerde. Toen de bhajans bijna afgelopen waren, arriveerde Rāmakrishna (nu Swami Rāmakrishnānanda Puri). Hij werkte toen bij de Harripād Bank. Zodra de bhajans voorbij waren, liep Amma mij voorbij naar waar Rāmakrishna zat. Ze keurde me geen blik waardig. Zoals Heer Krishna, die deed alsof Hij Duryodhana niet zag, hoewel die het eerst binnen gekomen was, met Arjuna begon te praten, zo bracht Amma ook veel tijd met Rāmakrishna door. Ik werd kwaad en raakte van streek. Ik ging de kalari in en deed de achter me dicht.

Na twee uur deed Amma de deur open en kwam binnen. Ik deed alsof ik haar niet gezien had. Met veel compassie benaderde Amma me. Ik zei niets. "Amma wilde zien hoeveel geduld haar zoon heeft. Voel je je rot?"

Lachend probeerde Amma me troosten. Ze pakte me met kracht beet, en sleepte me naar de keuken. Ze zag de pāyasam die ik meegebracht had. "Heb jij dit meegebracht, zoon?"

Ik gaf geen antwoord op haar vraag.

Amma schepte rijst en groenten op een bord. Ze mengde het en maakte er ballen van. Aanvankelijk dacht ik dat ik niets aan zou nemen, maar toen ik naar Amma's gezicht keek, dat zoveel compassie uitstraalde, had ik het hart niet om te weigeren.

"Zoon, wat is er zo speciaal aan deze dag vandaag?"

Ik wist dat ze deze vraag met volledige kennis van alles gesteld had. Ik zei: "Vandaag is het mijn verjaardag. Ik heb gehoord dat de verjaardag van een kind heel belangrijk voor een moeder is."

"Zoon, jij was Amma's zoon, zelfs voordat je geboren was. Hoe kan Amma deze dag dan als je verjaardag beschouwen? Amma heeft niet het gevoel dat het iets speciaals inhoudt. Amma is niet de moeder van alleen maar het lichaam. Ze is ook de moeder van het Zelf. Het Zelf wordt nooit geboren en sterft nooit. Over welke verjaardag moeten we het dan hebben? Wiens verjaardag?"

In de stroom van Amma's wijsheid losten alle vragen in mijn geest op. Ik ging in de kalari zitten. Amma deed wat sandelpasta op mijn voorhoofd. Nadat Amma met haar wijsvinger enige tijd op de plek tussen mijn wenkbrauwen gedrukt had, verliet ze de kalari. Ik kon me echter niet van die plek bewegen. Wat ik toen ervoer was even verbazingwekkend als de dood. Het leek alsof ik de beheersing over mijn lichaam totaal verloren had. Ik kon zelfs geen geluid maken. Amma's stortvloed van compassie stroomde bij mij binnen als een Ganga van nectar. Ik verloor alle lichaamsbewustzijn. Ik weet niet hoe lang ik op die oevers van de Vrede bleef, in opperste tevredenheid.

Wie had er een beter verjaardagscadeau kunnen geven?

Die niet uit te drukken goddelijke ervaring, die alleen de compassie van een Satguru kan geven, was een onbetaalbare gift en een altijd aanwezige herinnering aan Amma's glorie, een herinnering die helder in mijn geheugen is gebleven.

Het Overlijden
van een Bewaker

15

Het was een bhāva darshan dag. De toegewijden hielden hun adem in terwijl ze keken hoe Amma de pus die uit de wonden van een melaatse sijpelde, oplikte. Ik stond in een hoek van de kalari en keek aandachtig naar het tafereel zonder mijn ogen af te wenden. Ik vroeg me af of Amma niet meegesleept werd door haar vertoon van compassie. In ieder geval vond ik het tafereel niet zo ontroerend. Toen de darshan voorbij was, zei ik dat tegen Amma.

"Amma, omdat u almachtig bent, kunt u de ziekte alleen al door uw sankalpa genezen. Waarom dan deze speciale vertoning?"

Amma glimlachte en stelde als antwoord een andere vraag: "Had Heer Krishna de Kaurava's niet enkel al door zijn sankalpa kunnen overtuigen? Waarom werd hij dan Arjuna's wagenmenner?"[18]

Ik had geen antwoord. Maar toch besefte Amma dat ik met haar antwoord niet tevreden was. Ze zei verder: "Zoon, ik weet niet waarom. Als ik naar die zoon kijk die aan melaatsheid lijdt, voel ik dat ik zo moet handelen. Je zult de reden ervan te zijner tijd begrijpen."

---

[18] Een zinspeling op de Mahābhārata-oorlog tussen de rechtvaardige Pandava's en de onrechtvaardige Kaurava's. Toen beide partijen de Heer voor hulp benaderden, zei Krishna dat Hij niet in de oorlog mee zou vechten, maar dat één partij Zijn leger kon hebben en de andere partij kon Hem als zijn wagenmenner hebben. Arjuna, een van de Pandava's, koos voor de Heer als wagenmenner, de Kaurava's kozen het leger van de Heer.

Later las ik in veel boeken dat het speeksel van een verlichte ziel genezende eigenschappen heeft en dat het een onfeilbaar geneesmiddel voor ongeneeslijke ziekten is. Zelfs toen verdween mijn scepsis niet. Wat was het verschil tussen Amma's lichaam en dat van een gewoon iemand? Zijn beide niet van de *panchabūta's*[19] gemaakt? Zo ja, wat was er zo bijzonder aan het lichaam van een verlichte ziel als Amma? Ik bracht dit onderwerp bij Amma niet meer ter sprake.

Dagen gingen voorbij. Amma zat op het āshramterrein dat beplant was met kokospalmen die in de wind op en neer deinden. Haar kinderen, die haar als een schaduw volgden, zaten aan alle kanten om haar heen. De āshram bestond toen alleen uit een paar hutten die tussen de kokospalmen verspreid lagen, de kalari en het huis waarin Amma opgegroeid was. Amma at zelden. Als toegewijden haar voedsel brachten, deelde ze het uit onder de kinderen om haar heen. Amma zei dan: "Als de maag van mijn kinderen gevuld wordt, is Amma verzadigd."

Op een dag opende Amma een pakje met voedsel dat iemand meegenomen had en begon ze haar kinderen rijstballen te eten te geven. Plotseling was er buiten opschudding. Mensen renden een hond met rabiës achterna. Hij had al veel mensen gebeten. Het was een van de twee honden die in de oude tijd als soldaat op wacht naast Amma gestaan hadden.

"Zoon!"

Amma riep de hond. Hij rende op haar af. "Hé, wat is er met jou gebeurd?"

Ze aaide hem met veel affectie. Hij zwaaide met zijn staart, alsof er niets gebeurd was en drukte zijn gezicht in Amma's schoot. Het speeksel en andere dingen die uit zijn mond dropen, bevuilden Amma's lichaam en kleren. Amma drukte de hond dicht

---

[19] De vijf (pancha) elementen (bhūta's) die de materiële oorzaak van de schepping zijn.

tegen zich aan, omhelsde hem en kuste hem op zijn hoofd. Ze rolde de rijst tot balletjes en stopte die in zijn mond. Toen begon Amma met dezelfde hand waaraan het speeksel van de hond zat, de rijst zelf te eten. De mensen die het tafereel gadesloegen waren ontsteld. "Amma wat doet u?" schreeuwden enkele toegewijden.

Amma sloeg geen acht op hen. Ze knuffelde de hond lange tijd. Hij rolde zich als een klein kind in Amma's schoot op.

"Shrī mon[20], ga een ketting halen."

Toen ik Amma dit hoorde zeggen, rende ik naar het volgende huis. Daar vond ik een ketting en bracht die mee terug.

Amma zei: "Maak de hond aan de boom vast. Zijn tijd is gekomen."

Bedoelde Amma werkelijk dat de dolle hond vastgebonden moest worden? Ik wilde vragen: "Moet ík het doen?" maar hield mijn mond. Het had hoe dan ook geen zin om te protesteren. Was het Amma niet die me zei dit te doen? Ik stelde me gerust dat ze voor me zou zorgen en liep langzaam met de ketting naar de hond, deed de ketting om zijn nek en sleepte hem naar de kokospalm voor de kalari. Hij volgde me, mak als een lammetje. Zijn manier van doen leek erop te wijzen dat hij zich van het naderende einde bewust was. Nadat ik hem aan de boom gebonden had, blies hij zijn laatste adem uit, voor de ogen van alle toeschouwers. Ik zag tranen over Amma's wangen lopen.

Amma's moeder, vader, broers en zussen, die allemaal gehoord hadden dat Amma de dolle hond had aangeraakt en voedsel gegeten had met handen die onder zijn speeksel zaten, begonnen te jammeren. Er bestond geen twijfel over dat Amma het speeksel van de hond binnengekregen had. Niet alleen dat, ze had ook delen van het lichaam van de hond geliefkoosd die verwond waren door stenen die men naar hem gegooid had. Daarom

---

[20] De vroegere naam van de auteur was Shrīkumār. Mon is Malayalam voor zoon.

stond iedereen erop dat Amma een rabiësinjectie zou krijgen. Velen van hen die probeerden haar te overtuigen smeekten haar in tranen, maar Amma weigerde. Ze glimlachte naar me en zei: "Zoon, moeten we er niet achter komen of dit lichaam van de panchabhūta's gemaakt is?"

Ik liet mijn hoofd hangen en met samengevouwen handen beteugelde ik mijn gedachten terwijl ik nadacht over Amma's glorie. Door zulke ervaringen leerde Amma ons verborgen waarheden die het intellect niet kan bevatten. De Guru onthult geheimen die niet onderwezen kunnen worden. De leerling absorbeert lessen die niet geleerd kunnen worden. De Guru heeft niet de houding van een leraar. De leerling beseft niet dat hij leert. De goddelijke ervaringen die alle informatie die men verzameld heeft, op zijn kop zet, laten de leerling zijn hoofd diep buigen. Iedere leerling wordt nederig als hij de sublieme kracht van de Guru ziet.

Als we innerlijke zuiverheid verkregen hebben, zal uiterlijke onzuiverheid ons niet beïnvloeden. Zelfs als we afzichtelijke kleren dragen, zal er niettemin een overstromende schoonheid zijn. Het lichaam van yogi's die zich jarenlang niet gewassen hebben of gegeten hebben, scheidt een zoete geur af dankzij absorptie in meditatie. Als alle zenuwen gezuiverd zijn, zal het lichaam vrij van onzuiverheden zijn. Alleen al de aanwezigheid van zo iemand zuivert de atmosfeer. Men kan zien dat het functioneren van het lichaam, dat als een samenstel van de panchabhūta's beschouwd wordt, verandert in overeenstemming met de innerlijke reinheid. Om de natuurlijke zuiverheid van een ziel als Amma te verkrijgen moeten we met uiterlijke zuiverheid beginnen.

De rishi's die de belichaming van vrede waren, bleven zelfs temidden van wilde dieren in meditatie verdiept. In de aanwezigheid van deze rishi's die hun besef van individualiteit getranscendeerd hadden, vergaten de wilde dieren hun instinctieve vijandigheid tegenover mensen. De aanwezigheid van mahātma's die innerlijke zuiverheid bereikt hebben, wordt zelfs in de natuur weerspiegeld.

De vibraties van Amma's zuivere liefde verspreiden zich in alle richtingen en brengen de mensheid samen. De druppels van individualiteit worden getransformeerd in een machtige oceaan van liefde en wijsheid.

De Dreun van
een Melodie

16

Mijn ingenieursexamens waren voorbij. Nu begonnen Gods testen. De meeste dagen verbleef ik in Vallickavu. Tegen die tijd waren al mijn pūrvāsram familieleden toegewijden van Amma geworden en daarom ondervond ik geen tegenwerking. Niettemin waren mijn ouders bang om hun enige zoon te verliezen. Zonder dat ik het wist verkreeg mijn vader een goede baan voor me bij het Rāman Research Institute in Bangalore. Hoewel ik onvermurwbaar was en daar niet heen wilde, stond Amma erop dat ik ging en daar op zijn minst een tijdje werkte. Niemand was bereid het voor mij op te nemen. Amma en alle toegewijden die de āshram regelmatig bezochten, kwamen me uitzwaaien op het station. Ik stond door het raam te kijken totdat iedereen uit het gezicht verdwenen was.

Ik moest deze scheiding ondergaan in een tijd dat ik het niet kon verdragen zelfs maar een seconde van Amma gescheiden te zijn. Hoewel deze scheiding een verschrikkelijk lijden veroorzaakte, besefte ik later dat het de manier van de natuur was om mij Amma's wonderlijke līlā's te laten zien. Buiten bleef het landschap veranderen. In gedachten prees ik de voortgaande trein dat hij geen acht sloeg op de veranderende uitzichten. Hoe kan hij rijden als hij wanhopig wordt door aan de voorbije taferelen te denken? Het was alsof Amma me vertelde dat dit evenzeer opgaat voor de reis door het leven.

Is er hier iets dat men echt kan bezitten? Wat voor nut heeft het iets proberen te bezitten wat uiteindelijk tot stof vergaat? Daarom zoekt men zijn toevlucht tot de onvergankelijke waarheid die door Amma belichaamd wordt. Omdat mahātma's geen lichamelijke schepsels zijn, zal ons leven geen zinloze onderneming worden als we van hen afhankelijk zijn. *Waarom doorgaan ons leven in de materiële wereld aan waardeloze bezigheden te verspillen?* Mijn geest bleef die vraag in zichzelf herhalen. Ik merkte op dat het geluid van de trein een slaapliedje werd. Het probeerde mij, als het ware met Amma's compassie, in slaap te wiegen. "O Heer! Ik kan zien dat U niet onzichtbaar bent. Heeft U zelfs deze locomotief met Amma's liefde bezield?" Ik merkte het niet op dat zijn troostende aanraking en neuriënde gezang me in diepe slaap wiegde.

"Stapt u niet uit?" vroeg een spoorwegbeambte die me wakker schudde.

Ik schrok wakker. Er kwam nog een man naar me toe die zich aan me voorstelde: "Ik heet Daniël. Ik heb in het station op u gewacht. Een oudere wetenschapper heeft me gevraagd om u vanaf het station te begeleiden. Ik zag iedereen uitstappen en begon me zorgen te maken toen ik u niet zag. Toen begon ik in ieder compartiment naar u te zoeken. Toen heb ik u hier gevonden. Ik had een foto gekregen om u te herkennen."

Ik vroeg me af hoe het instituut een foto van me gekregen had en was verbaasd. Ik had geen sollicitatie verstuurd en ook geen foto. Ik heb de zaak verder niet onderzocht.

Daniël nam mijn tas en stapte uit. Ik volgde. Ik had geen zin om met iemand te praten. Daniël begreep de reden van mijn zwijgzaamheid niet. "Ben je niet blij dat je deze baan in de wacht gesleept hebt?"

Inderdaad dromen velen ervan een baan in het Rāman Research Institute te krijgen. Zonder op mijn antwoord te wachten ging Daniël door met praten.

Ik kreeg het gevoel dat mijn gedrag ongepast was. We kwamen spoedig bij zijn woning aan. Ik excuseerde me bij Daniël dat ik tot nu toe niets gezegd had. Ik probeerde hem duidelijk te maken dat ik stil geweest was door de mentale pijn die ik ervoer omdat ik thuis was weggegaan. Daniël was een zeer sympathiek iemand. Hij maakte snel eten klaar en ging als een moeder naast me zitten. Hij haalde me over iets te eten. Ik voelde duidelijk dat Amma door Daniël werkte.

De volgende dag maakte ik me klaar om naar het instituut te gaan. Ik nam een foto mee die ik veilig in mijn tas bewaard had. Het was de eerste foto van Amma die ik gekregen had, een zeldzame foto van Amma uit de oude tijd! Het was het enige ding dat ik tot nu toe als een aanwinst in mijn leven beschouwde. Maar ik kon het niet verdragen om lang naar de foto te kijken. Ik vroeg in stilte om Amma's toestemming en zegen voordat ik naar het werk ging. Toen verpakte ik de foto in een zijden doek en stopte hem terug in de tas. Die dag begon ik in het instituut te werken.

Het was een baan waarvan ik gedroomd had toen ik op school zat. Ik werd aangesteld op de afdeling die onderzoek deed naar zonnestraling. Voordat ik met het werk begon, mediteerde ik op de zonnegod, die een symbool van wijsheid is. Ik voelde me niet vereerd door de betrekking die zeventien jaar onderwijs me opgeleverd had. Ik zat in een kamer met airconditioning temidden van computers en andere apparatuur en voelde me slecht op mijn gemak.

De leidinggevende wetenschapper mocht me graag. Ik was verbaasd toen iedereen haar 'Amma' noemde. Ze was niet getrouwd en had het grootste deel van haar leven aan onderzoek gewijd. Iedereen moet haar 'Amma' zijn gaan noemen, toen ze haar leven zagen dat werkelijk van onthechting getuigde. Ik probeerde me te troosten met de gedachte dat ik een omgeving gevonden had die bevorderlijk was voor het denken aan mijn Amma, mijn Satguru. Hoewel anderen deze wetenschapster 'de vrouw die vergeten had te leven' noemden, kon men de schoonheid van voldoening in haar woorden voelen, als ze over haar bijdragen aan de wereld van de wetenschap sprak. Ik moest wel denken dat ze zoveel meer had kunnen bereiken, als ze geprobeerd had onderzoek in de innerlijke wereld te doen.

Ik herinnerde me Amma's woorden: "Alles is mogelijk voor iemand die bereid is afstand te doen."

Hoewel men haar Amma noemde, was iedereen bang voor haar. Ze was een veeleisende baas. Iedereen probeerde het haar naar de zin te maken door zijn werk zo oprecht en volmaakt mogelijk te doen. Veel mensen hier hielden van me. Ik besefte dat Jagadīsvari zelf erop toezag dat Haar zoon op deze plaats niets te kort kwam. En toch had ik er helemaal geen belangstelling voor hier te werken. Ik wilde ook niemands liefde. Ik bracht daar menige emotieloze dag door, alleen en in stilte.

Amma maakte haar aanwezigheid voelbaar door ontelbare ervaringen die ze iedere dag gaf. Later hoorde ik van Amma zelf dat die ervaringen bedoeld waren om me te laten zien dat ze niet tot het lichaam beperkt is en dat ze altijd bij me was. Ze dacht dat die ervaringen mijn leed zouden verzachten. Maar ze vermeerderden mijn verdriet. Ik bracht veel dagen huilend in die wereldstad door, en betreurde mijn lot. Ik vond dat ik mijn leven temidden van materialisme verspilde, als een dwaas die parels van onschatbare waarde weggooit voor glazen kralen.

Het was meerdere weken geleden dat ik Amma verlaten had en in Bangalore aangekomen was. In die tijd had ik veel troostende brieven van haar ontvangen. Ik had zelfs niet de kracht om haar woorden, die overstroomden van liefde, helemaal te lezen.

De laatste woorden die ik tegen Amma bij het afscheid gezegd had kwamen in me op: "Amma, zegen me dat ik spoedig terug mag keren." Op veel dagen dacht ik erover terug te keren. Op die dagen verscheen Amma in een droom en verbood me dat te doen.

Op een dag toen ik de pijn van de scheiding niet meer kon verdragen, onthulde ik alles aan Daniël. Zijn gezicht verbleekte toen hij mijn beslissing om te vertrekken hoorde. Lange tijd zweeg hij. Hij begreep al veel van me. Hij nam me mee naar een afgezonderde plek. Waarschijnlijk dacht hij dat ik daar wat troost uit zou putten. Het was een desolaat gebied waar bergen zich ten hemel verhieven en rotsen verspreid op de grond lagen. Het had een ingehouden landelijke schoonheid die helemaal verstoken was van de kunstmatigheid van de steden. In de verte pakten wolken zich samen om de ondergaande zon te betreuren. Op geen enkele manier kon de Godin van de Natuur, die ontelbare zonsopkomsten en ondergangen had meegemaakt, hier iets nieuws in zien. Hoe veel van zulke begrafenissen zouden er nog plaats vinden? Bij wie konden de treurende wolken, die niet de kracht hadden om van dit alles getuige te zijn, hun verdriet uitstorten? Weldra zouden hun bekoorlijke vormen ook verdwijnen. De nachtelijke vernietigingsdans was begonnen. Verschrikking zou vrij spel hebben en in één meedogenloze klap hen die verbijsterd waren door de ontelbare kleuren van de dag, in verdriet dompelen.

Maar ik besefte dat het gebrek aan helderheid dat door de duisternis van onwetendheid veroorzaakt werd, veel beangstigender was dan deze nacht. Daniël en ik klommen langzaam de berg op. De zachte bries die gekomen was om de schemering te strelen, gaf ons wat verlichting. We zaten op een rots en praatten in de verte starend lang over Amma. Daniël ging toen op de rots liggen. Ik ging een klein stukje verderop zitten, sloot mijn ogen en probeerde te mediteren. Een ongebruikelijke gedachte ging door me heen: "Is het niet dit lichaam dat de oorzaak is van mijn scheiding van Amma? Vernietig het dan!" Zonder veel omhaal stond ik op van waar ik zat. Ik zag dat Daniël sliep. Langzaam liep ik naar de andere kant van de rots.

De bergen werden overgoten door de gloed van de volle maan. Beneden was een gapende afgrond. Ik sloot mijn ogen een moment en bad. Mijn benen bewogen zich snel naar voren. Iemand rukte me met grote kracht terug. Ik viel achterover. Wie had me teruggetrokken? Daniël? Ik draaide me om. Er was niemand achter me. Daniël lag nog op dezelfde plaats te slapen. Ik probeerde weer overeind te komen, maar kon niet. Verbaasd bleef ik in die positie liggen, niet wetend wat er gebeurd was. Ik had het gevoel dat mijn hoofd tolde. Ik bleef op de rots achteroverliggen, sloot mijn ogen en mediteerde over Amma. Na enige tijd hoorde ik haar stem in mijn oren weerklinken.

"Zoon, zelfmoord plegen is laf. Het lichaam is zeer kostbaar. Het is een geschenk van God, een middel om het Ātma te realiseren. Het is bedoeld om veel mensen vrede te geven. Het lichaam doden is de grootste misdaad die je tegenover de wereld en Amma kan begaan. Stijg boven de omstandigheden uit. Wees dapper! Zoon, ga vooruit zonder te verslappen. Amma is bij je."

Het was de stem van mijn Amma, de stem van mijn innerlijke Zelf. Overmand door wroeging brak ik in tranen uit. Waarom zou ik treuren als Amma in mijn hart verblijft als de *antaryāmi*, die elke gedachte en daad gadeslaat? Ik lag op de rots en keek naar de hemel. De volle maan straalde. Zou de troost van de maan in de duisternis ons ooit ontnomen worden? Ik keek aandachtig naar het gezicht van de maan. Daar zag ik de Godin van het Universum die me met haar duizend handen liefkoosde. Uit de diepte van mijn hart kwamen een paar regels door mijn lippen als poëzie naar boven:

arikil undenkilum ariyān kazhiyāte
alayunnu ñān amme...

kannundennālum kāṇān kazhiyāte
tirayunnu ñān ninne... amme
tirayunnu ñān ninne

Amma, hoewel u dichtbij bent, dwaal ik rond.
Hoewel ik ogen heb, zoek ik en kan ik u niet vinden.

hemanta nīlaniśīthiniyil pūtta
vārtingal nīyāno...?
vānilettīduvān kazhiyāte tīrattil
tala tallum tiramāla ñān... amme
tala tallum tiramāla ñān

Bent u de prachtige maan die in de blauwe winternacht
bloeit?
Ik ben een golf die de hemel niet kan bereiken en met zijn
hoofd tegen de kust slaat.

ihaloka śukhamellām vyārthamānenulla
paramārtham ñān ariññapol
iravum pakalum kannīr ozhukki
ninne ariyān koticcū... amme
ninne ariyān koticcū

Toen ik de waarheid inzag dat alle wereldse gemakken
waardeloos zijn,
stortte ik dag en nacht tranen en verlangde ernaar u te
kennen, Amma.

dukhabhārattāl talarunnorenne nī
āśvasippikkān varillē...?
ettītumennulla āśayōte ñān
nityavum kāttirikkunnu... amme
nityavum kāttirikkunnu

Wilt u niet komen om mij te troosten, die de last van het verdriet moe ben.

Met het verlangen dat u zult komen, wacht ik altijd, Amma.

Amma's stem weerklonk opnieuw in mijn oren: "Is het voldoende om een knop te blijven? Omhels de pijn van het tot bloei komen. Laat de knop van je hart opengaan. De geur en schoonheid die je met anderen moet delen, zijn in je. Sla geen acht op die vergankelijke groeipijn. Bereid je voor op de dageraad van de zon van kennis."

Veel liever het verdriet dat God schenkt dan het geluk dat ergens anders vandaan komt. Degene die genoegens achterna rent, is geneigd God de rug toe te keren. Een toegewijde is iemand die pijn zoekt. Alleen hem behoort de Gelukzalige toe. Lijden heeft diepte. Wanneer we bereid zijn om omwille van God te lijden, wordt het *tapas*. Amma zegt dat het leven een gunst van God aan ons is, niet een vloek. Er is niets verkeerd met de wereld. Problemen en vermoeidheid zitten in de menselijke geest. We moeten leren die te overkomen. De training hiervoor is spiritualiteit. Ons leven moet een kunstwerk worden.

Sommige dingen in dit universum kun je alleen uit ervaring kennen. Waarheid kan alleen door ervaring gerealiseerd worden. God is een goddelijke ervaring die niet overgebracht kan worden noch uitgedrukt. De onbegrensde liefde en mededogen die bij Amma overstromen, helpen ons aan te voelen wat God is.

Een Visie van Goddelijke Schoonheid

17

Toen ik bij het Rāman Research Institute ontslag genomen had, haastte ik me om de trein naar mijn woonplaats te nemen. Ik had niet het geduld om op Amma's toestemming te wachten. Ik besefte de waarde van iedere dag die voorbijgaat pas nadat ik Amma ontmoet had. Hoe kon ik bij Amma wegblijven, als ik me het grote verlies realiseerde dat ik ieder moment dat ik niet bij haar was, zou lijden? Totdat we ons bewust worden van Amma's goddelijke aanwezigheid in ons, is haar fysieke nabijheid erg belangrijk. Totdat de innerlijke Guru ontwaakt, is de uiterlijke Guru essentieel. De dreumes die leert lopen kan dat niet zonder de hulp van de vinger van de moeder. Ik was net het spirituele pad opgegaan. Ik wist niets van de gevaren ervan. Alleen de Guru kan ons leren hoe we die hindernissen in een springplank kunnen veranderen. Voor de leerling die afstand van de wereld gedaan heeft en zijn toevlucht aan de voeten van de Guru gezocht heeft, bestaat zoiets als een 'hindernis' niet. Alle ervaringen worden een hulpmiddel voor spirituele groei. De blik vol compassie van de Guru zal de leerling de nodige kracht geven. De Gurus aanwezigheid is werkelijk een overvloed van krachten die voor het oog niet zichtbaar zijn, zelfs als men duizend ogen heeft. Een zuiver hart heeft er geen moeite mee de ontelbare bhāva's van de Guru te waarderen. Om zuiverheid van hart te krijgen is het nodig in de fysieke aanwezigheid van de Guru te zijn.

Toen ik na de treinreis thuiskwam, stortte ik door pure uitputting in. Het lichaam kon de extreme versterving van het dagen achter elkaar opgeven van eten en slaap niet verdragen. Ik moest voor een paar dagen in een ziekenhuis in de buurt opgenomen worden. Nadat de artsen symptomen van longontsteking vastgesteld hadden, schreven ze volledige bedrust voor. Ik had mijn baan opgegeven en was snel hierheen gegaan uit een folterend verlangen Amma te zien, om dan in een ziekenhuis te belanden. Ik probeerde me te troosten met de gedachte dat dit Amma's straf was omdat ik mijn werk zonder haar toestemming opgegeven had.

Mijn vader ging naar Vallickāvu om Amma over mijn precaire situatie in te lichten. Ze gaf niet toe aan mijn verzoek om haar in Vallickāvu op te zoeken. Ze zei tegen mijn vader dat ik voorlopig niet mocht reizen en dat ze zelf naar het ziekenhuis zou komen om me op te zoeken. Ik had mijn vader voordat hij vertrok, gezegd dat ik naar Amma in Vallickāvu zou gaan en dan onmiddellijk naar het ziekenhuis terug zou gaan. Deze hoop werd niet vervuld. Toen Amma vertelde dat ze bereid was me in het ziekenhuis op te zoeken, protesteerde mijn vader: "Nee, Amma, u hoeft de moeite niet te nemen daar helemaal heen te gaan. De dokters zeiden dat hij na twee dagen ontslagen zou worden." Toen Amma dit hoorde, gaf ze mijn vader wat prasād en as die ze voor me zegende. Mijn vader smeerde de as over mijn hele lichaam. Na het gebruik van de prasād voelde ik me erg opgelucht. Maar ik was nog steeds erg bedroefd door het verdriet dat ik Amma niet had kunnen ontmoeten.

Die nacht kon ik niet slapen. Er waren maanden voorbijgegaan sinds ik Amma voor het laatst gezien had. Mijn eerste ontmoeting met haar was een gedenkwaardige gebeurtenis geweest die mijn kijk op het leven totaal veranderde. Ik lag in het ziekenhuisbed en bad onafgebroken tot Amma om ervoor te zorgen dat ik nooit meer van haar vervreemd zou raken. Amma, de Godin van het Universum die Vaikuntha[21] op aarde gecreëerd had en duizenden kinderen in staat stelde om in extase te dansen. Ik probeerde te slapen, maar dat lukte niet.

Plotseling voelde ik de aanraking van een koele bries. Pas later besefte ik dat de zoetgeurende wind die me liefkoosde, de komst van de Goddelijke Moeder, de belichaming van mededogen, aankondigde. Het tinkelende geluid van de enkelbanden die Amma droeg, bereikte mijn oren. In een hoek van de kamer leek een cirkel van licht vorm aan te nemen. De schittering van Amma's tedere glimlach doordrong dat licht. Het hele gebouw leek omhoog te gaan. Ik probeerde te voorkomen dat ik viel door me aan mijn bed vast te houden, maar ik kon mijn handen en benen niet bewegen. Plotseling werd alles rustig. Ik werd door zulke prachtige muziek in verrukking gebracht als ik nog nooit gehoord had en loste in de stroom ervan op. Amma's betoverende vorm kwam naar me toe, evenals de heldere lichtkrans. Als aan de grond genageld staarde ik zonder met mij ogen te knipperen naar Amma. De betoverende vorm van Amma, versierd met een overvloed aan sieraden, een vorm die zelden gezien werd, kwam naar me toe. Ze ging op het bed zitten en legde mijn hoofd in haar schoot en streelde het zachtjes. Onschatbare momenten van een goddelijk bezoek. Hoewel ik me er bewust van was dat Amma mijn hoofd kuste en haar handen alle pijn uit mijn hart verdreef, bleef ik roerloos; mijn lichaam was onbeweeglijk geworden. Toen de gedachte opkwam dat ik zelfs niet voor haar kon buigen, gaf ze met een gebaar 'nee' te kennen. Haar liefkozingen werden de goddelijke remedie die het karma van ontelbare levens uitwiste.

Op dat moment ging de deur open en kwam mijn vader de kamer in. Hij was weggegaan om wat warm water te halen voor de pillen die ik in moest nemen. Naarmate mijn vader dichterbij kwam, werd Amma's vorm vager en verdween spoedig. Mijn

---

[21] Het verblijf van Heer Vishnu. Hier betekent het figuurlijk hemel.

vader dacht dat ik sliep, schudde me en zei: "Het is tijd om de medicijnen in te nemen."

Ik nam de medicijnen in en bleef in bed liggen. Ik kon niet spreken. Nooit eerder had ik zo'n heldere darshan gehad. Mijn ogen, oren en neus vertelden allemaal het verhaal van mijn ervaring van die darshan. Deze ervaring was helemaal een uitdrukking van de oneindige schoonheid die Amma in zich verborgen houdt. Hoewel ik intellectueel wist dat Amma niet tot haar lichaam beperkt is, is de kennis die deze ervaringen gaven, iets wat woorden niet kunnen beschrijven. Om deze reden probeerde ik niet mijn vader iets te vertellen.

De volgende dag stond ik erop naar Vallickavu te gaan. De arts gaf uiteindelijk toe en ontsloeg me uit het ziekenhuis, maar alleen nadat hij me eraan herinnerd had dat ik nog een paar dagen moest rusten. Vergezeld van mijn vader ging ik direct naar Amma. Ze zat voor de kalari, alsof ze op me wachtte. Ze zag er niet uit of ze gerust had na de bhāva darshan van de afgelopen nacht. Het rode sandelhoutteken op haar voorhoofd was nog intact. Ze had de kleren die ze voor bhāva darshan gedragen had, niet uitgedaan. De as die gemorst was toen ze prasad aan de toegewijden gaf, had witte vlekken op haar kleren, haar haar en haar gezicht achtergelaten. Zelfs die stofdeeltjes leken geen zin te hebben haar te verlaten. Zodra Amma me van ver zag, wenkte ze me. Ik rende op haar af en knielde. Ze legde me liefdevol op haar schoot en streelde me. Die goddelijke geur die ik de vorige dag geroken had tijdens de darshan in de ziekenhuiskamer, voelde ik nu uit Amma's lichaam komen. Een paar minuten in Amma's schoot huilen verlichtte mijn verdriet enorm. Het is de opluchting die men voelt wanneer men beseft dat er iemand is die al onze lasten op zijn schouders neemt. Deze opluchting ontwikkelt zich tot zelfvertrouwen. Alleen God kan ons zo'n zelfvertrouwen geven.Ik zag ook tranen van liefde en mededogen in Amma's ogen opkomen.

"Amma, bent u gekomen om me op te zoeken?" vroeg ik.

Ze knikte ja met haar hoofd.

"Waarom bent u dan vertrokken zonder iets te zeggen?" drong ik aan.

Amma zei niets, ze glimlachte alleen. Het antwoord op mijn vraag lag in die glimlach.

Zelfs taal is een belemmering op momenten van goddelijke ervaring. Op zulke momenten houdt praten op. Stilte is de taal van de ziel. Taal is overbodig bij een ontmoeting tussen zielen. De eenheid van de jīvātma en de Paramātma kondigt het moment van eenheid tussen de Guru en de leerling aan. De leerling wordt voor de Guru een baby. Als de leerling van onschuld overloopt, wordt de Guru een Moeder. Ze versluiert Haar ontelbare goddelijke aspecten en bindt de leerling met lieve en vertederende moederliefde. Die band leidt de leerling naar eeuwige vrijheid en gelukzaligheid. Om dit te doen gebruikt de Guru de bhāva van moederliefde om de leerling naar kinderlijke onschuld te leiden.

Een kind ziet geen kwaad, want er is alleen maar goedheid in zijn geest. Zijn geest is ook niet vol van gedachten, alleen de gedachte aan zijn moeder. Zijn wereld is zijn moeder. Zijn vertrouwen is in zijn moeder. De woorden van anderen kunnen hem zijn vertrouwen niet ontnemen omdat hij de liefde, belichaamd in zijn moeder, ervaren heeft. Het is in niemand anders geïnteresseerd. Als hij zijn moeder niet ziet, begint hij te huilen. Dat is de enige taal die hij kent.

"Is er een gebed beter dan huilen? Als we om God kunnen huilen, hebben we niets anders nodig om ons tegen wereldse ellende te beschermen."

Ik herinnerde me die woorden van Amma. Terwijl ik in haar schoot lag te huilen, loste het 'ik' in me op tot niets.

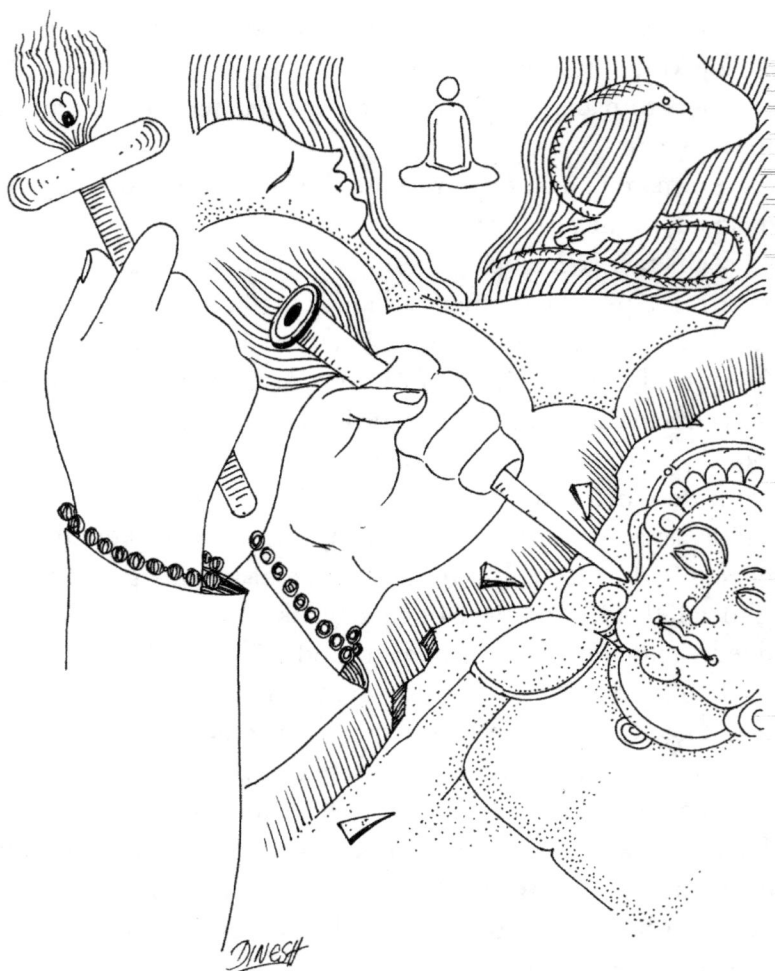

Op Amma's Testgebied

18

Dit universum is een toonbeeld van eenheid: de sterren die op hun plaats blijven door de wederzijdse aantrekkings- kracht, de ronddraaiende planeten, de verborgen myste- ries die alleen doorgrond kunnen worden op het hoogste niveau van meditatie. Amma zegt dat er overal in het heelal goddelijke schoonheid is. Er is helemaal geen lelijkheid. Alle perversiteiten zijn verzinsels van de menselijke geest. Als men liefde heeft, kan men overal schoonheid zien. Door de biologerende werking van de liefde verkrijgt men de zuiverheid die nodig is om goddelijke schoonheid te zien. Amma probeert die goddelijke liefde in ons wakker te maken.

Toen ik uit Bangalore terugkwam, ging ik bij Amma wonen. Ik ondervond geen tegenwerking van mijn familie. De dagen die volgden waren een zeldzame gelegenheid om mijn tijd exclusief aan *sādhana* te wijden. De dageraden die de in vervoering bren- gende gelukzaligheid van sādhana verspreidden, en de avondsche- meringen die me zonder reden deden huilen, gingen snel voorbij. In die dagen wilde ik zo graag mijn hele leven besteden aan het huilen om God! Ik koesterde me in de uitstraling van liefde die uit dat wonderlijke verschijnsel dat Amma is, voortkwam en vergat al het andere. Als we ons realiseren dat alles wat we verworven hebben in feite geen aanwinst is, worden we niet langer misleid door die zogenaamde aanwinsten. Het ontwikkelen van deze onthechting is niet gemakkelijk, maar de aanwezigheid van een groot Guru als Amma helpt ons hierbij. Deze verandering in onze kijk op het leven verkrijgen we door spiritualiteit. Dit is de goddelijke ervaring die Amma ons schenkt.

Ieder moment met Amma herinnerde ons eraan hoe kostbaar elke dag was. Dag en nacht brachten ons in dezelfde mate in feestelijke vervoering. Tegen de tijd dat wij om drie uur 's morgens met waterpotten vertrokken, was Amma al bij de pont en droeg de grootse waterpot. Als we haar hiernaar vroegen, zei ze dat ze gewend was grote lasten te dragen. Ik veronderstel dat het dragen van een waterpot niet zo moeilijk is voor iemand die de lasten van de wereld draagt. In die tijd moesten we lang wachten om water uit de leiding te krijgen. Dit was echt tapas. Er kwam 's morgens geen water uit de kranen. Daarom moesten we voor het aanbreken van de dag genoeg water voor de āshram verzamelen. Amma vond het erg belangrijk dat geen enkele toegewijde die voor darshan kwam, hoefde te lijden omdat er geen water was. Ze leerde ons om geen enkele gelegenheid te missen om toegewijden te dienen.

In die tijd kon men het aantal permanente bewoners in de āshram op één hand tellen. Dat was voordat de āshram geregistreerd was. Er was toen zelfs geen hut waarvan men kon zeggen dat hij de āshram voorstelde. Voor de kalari in het zand gaan liggen en in slaap vallen onder het staren naar de sterren was werkelijk meditatie. De kalari, waar Amma darshan gaf, was het enige gebouw. Het altaar in het heiligdom bevatte een zwaard en een drietand, goddelijke wapens die Devi gebruikte om het ego te ontwortelen en wijsheid te verlenen. Het bestaan van het ego wordt vernietigd wanneer het met liefde wordt geconfronteerd. Amma laat zien dat liefde kan veroveren wat wapens niet kunnen. Devi's wapens kunnen niet het zwaard en de drietand zijn die wij zien. Amma zegt dat het slechts symbolen zijn. Waarom zou Devi wapens nodig hebben? Wanneer Zij die alles alleen al door Haar wilskracht kan veranderen, bij ons woont, gewapend met Haar onzichtbare wapens, houden al onze twijfels en onzekerheden op. Geen enkele moeder zal wapens tegen haar kinderen opnemen. In dat geval moeten we aannemen dat de wapens in de handen van Moeder Kāli liefde, compassie en ander goddelijke deugden zijn. Het opgeheven schild van het ego buigt voor deze liefde.

Upavāsa

19

In vroeger tijden was de āshram niet zo vol mensen als nu. Amma kon toen meer tijd met de brahmachari's en brahmacharini's doorbrengen en ervoor zorgen dat we de voorgeschreven routine volgden en aandacht aan onze spirituele oefeningen schonken. Ze wilde dat we acht uur per dag mediteerden. Amma kwam ook mediteren. Ze eiste dat iedereen samen zat om te mediteren. We mochten ons lichaam niet bewegen of onze ogen openen. Op sommige dagen nam Amma wat kiezelsteentjes mee, die terechtkwamen op degenen bij wie de aandacht verslapte. Dit was om ons ervan bewust te maken dat de geest afdwaalde van de vorm van God. Als Amma eenmaal begon met mediteren, opende ze haar ogen pas uren later. In haar aanwezigheid konden wij ook zolang zitten. Als Amma vlakbij is, is het gemakkelijk om doelgerichte concentratie te krijgen. Daarom vond niemand dat meditatie bijzonder zwaar was. Hoe druk Amma het ook had, ze controleerde om vier uur 's ochtends of iedereen opgestaan was en maakte degenen die nog sliepen wakker.

Op sommige dagen bracht Amma de nacht op de veranda buiten voor de meditatiekamer door. Als ook maar één persoon de routine niet volgde, dronk ze die dag zelfs geen water. Niemand vond het erg als Amma hem op zijn kop gaf, maar niemand kon het verdragen als ze die dag niet at en zo haar eigen lichaam pijn deed. Om deze reden waren er gewoonlijk geen missers bij het volgen van de routine. Acht uur mediteren, het reciteren van de

Lalita Sahasranāma, oefeningen in *Hatha Yoga*, het bestuderen van de Vedische geschriften en het zingen van bhajans. Dit ging zonder mankeren door.

Op een dag kwam Amma de meditatiekamer binnen en kondigde aan: "Kinderen, jullie moeten ten minste één keer per week vasten en stilte in acht nemen." De hele dag waarop we vastten moesten we in de meditatiekamer blijven om te mediteren en onze mantra te herhalen. Amma koos zaterdag voor dit doel.

Toen het zaterdag was, ging iedereen in de meditatiekamer zitten en raakte spoedig in zijn sādhana verdiept. Later die morgen serveerde Amma iedereen aangelengde melk. Voordat ze wegging, herinnerde ze ons allemaal eraan: "Niemand krijgt vandaag te eten."

Toen het elf uur was, kwam ze weer binnen met een aarden pot binnen. "Kinderen, jullie hoeven geen honger te lijden. Het kan geen kwaad om bananen te eten."

Ze deelde aan iedereen gestoomde bakbananen uit. Ze liet ook zoete koffie voor ons allemaal brengen. "Kinderen, eet verder niets."

Met deze waarschuwing vertrok Amma. Iedereen raakte verdiept in meditatie en *japa* (herhalen van een mantra). Daarna kwam Amma twee of drie keer naar de meditatiekamer en controleerde ons door het raam. Daarna zagen we haar lange tijd niet. Zoals Amma geïnstrueerd had, staarde iedereen naar de afbeelding van zijn *ishta devata* en probeerde die vorm inwendig te visualiseren.

Het was na tweeën 's middags. Niemand had de kamer verlaten. Amma kwam naar de deur en keek naar binnen. Ze zag er bleek uit. Er zaten roetstrepen op haar gezicht, bloes en rok, en zweetdruppels op haar voorhoofd. Ze keek naar iedereen met een uitdrukking van diep mededogen. Toen zei Amma: "Kinderen, Amma voelt zich rot. Komt het niet door Amma's woorden dat jullie niet eten, kinderen? O Heer, wat ben ik wreed. Toen Amma de overgave van haar kinderen zag, kon ze niet stil blijven zitten. Ze ging naar de keuken en maakte rijst met groenten klaar. Amma heeft niet de moed om haar kinderen honger te laten lijden. Ze voelde zich erg van streek. Sta snel op. Amma zal jullie allemaal bedienen."

Amma riep ons allemaal en liet ons eten. Een toegewijde die dit tafereel zag, lachte en zei: "Het woord *upavāsam* (Malayalam voor vasten) betekent 'bij de Heer zijn'. Daarom zullen Amma's kinderen hun vasten niet verbreken, zelfs als ze eten. Zijn ze per slot van rekening niet de hele tijd bij Amma?"

Inderdaad, als men bij de Heer is, verdwijnen honger en dorst. Pas toen Amma ons eraan herinnerde, kregen we zin om te eten. In de koelte van moederlijke affectie verliest men zijn lichaamsbewustzijn. Hoe enthousiast zagen we van eten en slaap af om een visioen van de Heer te krijgen. Alleen maar met materiële genoegens kan men niet tevreden zijn. Men kan goddelijke gelukzaligheid in dit leven ervaren. Dit is alleen mogelijk door sādhana en de zegen van de Guru. Hoewel meditatie, japa, goede daden en het afleggen van geloften allemaal middelen zijn om goddelijke gelukzaligheid te verkrijgen, is de beste manier omgang met mahātma's. In hun aanwezigheid zullen onze onzuiverheden geleidelijk wegbranden.

Hoewel de hoogste realiteit zich in ons bevindt, hebben we een lange weg te gaan voordat we dat realiseren. Wat in het universum kan dichterbij zijn dan de ziel? We ervaren het onveranderlijke, onvergankelijke, van gelukzaligheid verzadigde en almachtige bewustzijn op totaal verschillende manieren, even verschillend als we de dag en nacht zien. Daarom kunnen we de Waarheid niet realiseren zonder de hulp van iemand die kennis van het Zelf bereikt heeft. Onze nabijheid tot Amma is anders dan iedere andere band. Ze gaat met ons om als een gewoon persoon om ons naar de wereld van het Zelf te leiden. Iedere beweging van haar is vol betekenis.

Pelgrimstocht naar Arunāchala

20

Amma maakte ieder jaar een uitstapje naar een āshram in Tiruvannāmalai. Het was een āshram die Neal Rosner (nu Swami Paramātmānanda Puri), een Amerikaanse leerling, haar gegeven had. In een oude tempel daar wordt de dag van Kārtika in de maand *Vrishchika* als bijzonder gunstig beschouwd. Toegewijden uit heel India komen dagen tevoren naar Tiruvannāmalai en blijven daar om de lamp te zien en te aanbidden die op die dag wordt aangestoken, om de berg heen te lopen en aan het wagenfeest deel te nemen. Amma kwam gewoonlijk op de dag voordat de lamp werd aangestoken.

Herinneringen aan het eerste bezoek met Amma aan Tiruvannāmalai liggen nog vers in mijn geheugen. We gingen er met de trein heen. Onnodig te zeggen dat de reis met Amma uiterst vermakelijk was. Ze leek wel een ondeugend kind. Als een busconducteur die het gangpad op en neer loopt om te vragen of iedereen een kaartje heeft, rende Amma rond om te vragen: "Zoon, heb jij pinda's gekregen? Kan Amma je wat *avil* (rijstevlokken) geven? Wie heeft er nog geen bananen gehad?" Af en toe zat Amma tussen de passagiers en zong bhajans.

De andere passagiers staarden vol verbazing naar dit meisje dat in bloes en rok gekleed was en rondrende. Amma aarzelde nooit prasād te geven zelfs aan mensen die haar niet kenden. Niet alleen dat, ze ging ook naast hen zitten en wisselde gekheden met hen uit.

De schemering viel. Ik zat naar de palmbomen te kijken die in westelijke horizon verdwenen, die de ondergaande zon donkerrood gesmeerd had. Het vermiljoenrode licht had zijn kleur ook op de gezichten van de mensen in de trein geworpen. Al die roodachtige gezichten keken vol ontzag naar Amma. Tijdens de avondbhajans deden alle passagiers enthousiast mee. Passagiers uit andere coupés propten zich in de onze. Sommigen werden zo gefascineerd door het ritme van de bhajans, dat ze begonnen te dansen. Toen de bhajans afgelopen waren, informeerden sommigen naar Amma. Anderen gingen naar haar toe en kusten haar handen. Weer anderen staarden zonder te knipperen naar Amma's engelachtige gezicht. In die tijd hadden niet veel mensen over haar gehoord. Veel toegewijden uit Tamil Nādu bezochten Amma echter in Vallickāvu. Op ieder station wachtten er veel mensen met bloemenkransen in hun handen op haar. Ze reisden dan verder met ons mee. Wat als een groep van een man of twintig begon, werd steeds groter. Aanvankelijk waren er alleen brahmachari's en een paar getrouwde toegewijden bij Amma. Geleidelijk groeide het gezelschap enorm.

Toen we in Tiruvannāmalai aankwamen, waren de toegewijden die gekomen waren om Amma te ontvangen, al gearriveerd. Onder hen was een Parsi toegewijde die bekend stond als 'Bhagavān Priya'. Ze had drieëndertig jaar bij Ramana Mahārshi[22] gewoond. Ze verwelkomde Amma namens de Ramana Āshram en deed haar een bloemenkrans om. Amma werd toen de Ramana Āshram binnengeleid. Na de bhajans gaf Amma darshan. Er vormde zich snel een enorme menigte rondom Amma.

De volgende dag was het wagenfestival in de tempel in Tiruvannāmalai. Honderdduizenden mensen zouden daar die dag

---

[22] Een verlichte spirituele meester (1879-1950) die in Tiruvannamālai in Tamil Nādu woonde. Hij beval Zelfonderzoek als de weg naar Bevrijding aan, hoewel hij een verscheidenheid aan paden en spirituele praktijken goedkeurde.

samenkomen. Enorme wagens die boven de gebouwen uitstaken, waren voor het festival opgesteld. Nealu (Neal) drong eropaan dat Amma het wagenfeest zou zien. Uiteindelijk stemde ze ermee in te gaan. Nealu had voor Amma en haar gevolg al een afgezonderde plek geregeld om het feest te zien. Het was het terras van een gebouw van twee verdiepingen aan de weg en naast de tempel.

Wagens voor het feest vulden de binnenplaats van de tempel. Duizenden mensen stelden zich op en hielden het dikke touw vast waarmee ze de wagen zouden trekken. Nealu en andere volgelingen begeleidden Amma naar de plaats die ze voor haar geregeld hadden. Mensen hadden hun plaats al ingenomen in winkels, boven op muren, in gebouwen en op terrassen. De zee van mensen die samendromde liet geen haarbreed ruimte over. De politie blies op de fluit om de menigte te kalmeren. Het was mogelijk dat de massa's onhandelbaar werden als de wagens zich in beweging zetten. De toegewijden die vol vuur aan de trouwen trokken, vergaten alles in een toestand van extase. Als de wagens eenmaal naar voren rolden, was het niet gemakkelijk ze te stoppen. Daarom probeerde de politie de toegewijden van de straat te verwijderen om te voorkomen dat de kolossen tegen hen opbotsten. Omdat de menigte erg chaotisch was, waren de toegewijden nog niet begonnen met het voortrekken van de wagens.

Plotseling kwam een man uit het gedrang te voorschijn en rende het terras op. Hij droeg een tulband en vele, vele lagen kleren. Hij hield een waaier vast, wat een bizarre indruk maakte. Zodra de mensen hem zagen, maakten ze nederig plaats voor hem.

Wie kon die man zijn? Ik keek nauwlettend en vol verbazing toe. De gloed in de ogen van deze man die glimlachte en over het terras wandelde, onderscheidde hem als een uitzonderlijk iemand.

Ten slotte kwam deze vreemd uitgedoste man met zijn waaier in de hand bij Amma. Hij was een *avadhūta* die Rāmasūrat Mahārāj heette. Hij had Amma in de mensendrommen ontdekt en rende naar haar toe. Hij stond Amma koelte toe te wuiven met de waaier die hij had. Ze liefkoosde deze yogi liefdevol, toen hij zonder met zijn ogen te knipperen naar Amma stond te staren. Hoewel wij niets konden begrijpen van wat die twee in de taal van de stilte zeiden, veranderde de luister van de stilte ons in ieder geval voor korte tijd in stille schildwachten. We keken geboeid naar de lotus van Amma's gezicht waarop de goddelijke stemmingen van de Universele Moeder onbelemmerd opbloeiden. Na een tijdje liep hij naar beneden en verdween in de mensenzee. Eerlijk gezegd vergaten wij bij Amma het wagenfestival helemaal. Dit incident herinnerde ons er opnieuw aan dat in Amma's aanwezigheid niets anders belangrijk is.

Toen ik het gedreun van een kanon hoorde, keek ik naar beneden. De wagens waren in beweging gekomen. De groep toegewijden die alles in de roes van gelukzaligheid vergeten was, bewoog zich naar voren. De aanblik van de politie die worstelde om de mensen uit de buurt van de wagens te houden, vergrootte de opwinding van de processie.

Plotseling veranderde Amma's houding. "Ik wil nu weggaan!" drong ze koppig aan.

"Waarheen?" vroegen wij verbaasd.

"Ik vind het niet leuk om hier te staan."

Nealu en de andere volgelingen waren sprakeloos. "Amma, u kunt nu niet weggaan. Het is moeilijk om deze plek te verlaten totdat de wagens vertrokken zijn. De trap naar beneden en alle wegen zitten propvol met mensen."

Maar Amma gaf niet toe, hoe hard we het ook probeerden. Amma duwde ons opzij en rende snel de trap af. Toen ze zich in die zee van mensen stortte, moet ze onbedoeld op veel mensen getrapt hebben en hen zo gezegend hebben. We renden haar achterna.

Amma heeft geen lichaamsbewustzijn en is ook niet aan het lichaam gehecht. Het is de plicht van de leerlingen om het lichaam van de Guru te beschermen. We voegden onze handen samen en vormden een veiligheidskring rondom Amma om haar te beschermen. Maar we konden deze cirkel niet lang handhaven. Zodra hij vastzat in de draaikolk van mensen, viel hij in stukken uiteen. Doelloos rondwervelend en niet in staat om een uitweg te vinden werden we meegesleurd door die rivier van mensen.

We hadden niet alleen geen idee waar Amma was, ook waren de zogenaamde lijfwachten, die zo dapper de veiligheidskring om haar gevormd hadden, nergens te zien. Toen we daar doelloos en helemaal uitgeput stonden, kwamen een paar mensen ergens uit de menigte ons te hulp. Ze waren toegewijden van Amma uit Madurai. Ze duwden de poort van een huis open en leidden ons naar binnen.

"We moeten Amma snel vinden," zei ik hun.

Toen ze dat hoorden, moesten ze lachen. We begrepen niet waarom ze lachten en keken elkaar aan. "Het was Amma zelf die ons gestuurd heeft om jullie te helpen," zeiden ze. "Ze is hier."

Toen realiseerden we ons dat Amma op de veranda van het huis zat. Wat een ironie dat Amma manschappen moest sturen om ons te helpen die aangenomen hadden dat ze haar lijfwacht waren. Hierin lag impliciet de boodschap dat Amma niemand ter bescherming nodig heeft.

Hoe was Amma bij dit huis gekomen? Niemand van ons wist dat er een huis van een toegewijde in de buurt was. Amma's totaal onverwachte bezoek had vreugde en overstromende gelukzaligheid aan de familie in het huis geschonken. We stonden nu in verscheurde lompen voor Amma. Toen Amma de toestand waarin we ons bevonden zag, barstte ze in lachen uit.

"Kinderen, werden jullie geduwd en opzijgeschoven? Amma kreeg een paar flinke klappen. Het was echt leuk."

Geniet de Heer er niet van om door Zijn toegewijden gestompt te worden? Amma probeerde ons aan het lachen te maken door grappen te maken. Voor haar is alles leuk. Hoe kan er verdriet zijn voor hen die overal van kunnen genieten? Als je ze prijst, zijn ze gelukkig. Als je ze bekritiseert, zijn ze nog gelukkiger. Als ze winnen, zijn ze gelukkig. Als ze verliezen, zijn ze nog gelukkiger. Als ze materieel comfort hebben, zijn ze gelukkig. Als ze treurige ervaringen hebben, zijn ze nog gelukkiger. Wie kan mahātma's bedroefd makken? Ze weten immers hoe ze iedere gebeurtenis in een gelukzalig en in vervoering brengend voorval kunnen veranderen.

Alle mensen in Amma's gevolg die overal verspreid waren, bereikten het huis, de een na de ander. Toen kwamen er een paar mensen binnen die Nealu droegen.

Nealu, die in een joods gezin in Amerika geboren was, zei in het Malayālam tegen Amma: "O mijn Moeder. Ik denk dat ik net gestorven ben! Mijn ego is totaal verbrijzeld! Ik zal er nooit meer op aandringen dat Amma het wagenfestival ziet!"

Toen Amma dat hoorde, bulderde ze van het lachen. De golven van dat gebulder moeten in het gehele universum weerklonken hebben! Het leek zo vol van betekenis.

Het doel van de Guru is ons ego te verbrijzelen. De Heer heeft ons alles gegeven wat we nodig hebben. Ons enige gebrek is dat we niet alles weten wat we horen te weten. De Guru is gekomen om ons hiervan bewust te maken. Om dit te laten gebeuren moeten de lagen van het ego een voor een afgepeld worden.

"Hoe dan ook, Amma had niet zo van het terras moeten weglopen," zei iedereen rondom Amma.

Onmiddellijk veranderde Amma's bhāva. Met een stem die de ernst van het Guruschap had, zei ze: "Kinderen, dachten jullie echt dat Amma comfortabel boven de chaos kon staan om naar het wagenfestival te kijken, als er tienduizend mensen beneden waren die worstelden om zelfs maar een plekje om te staan te vinden? Ik ben niet iemand die zich vermaakt wanneer anderen lijden."

Haar woorden waren als donderslagen. *Hoe kan ik me vermaken wanneer anderen lijden?* Amma's woorden die een boodschap van onschatbare waarde hadden die ik voor de rest van mijn leven nooit meer zal vergeten, sloegen als golven tegen de kust van mijn geest.

Mahātma's kunnen nooit aan hun eigen geluk denken. Ze zijn de verpersoonlijking van zelfopoffering. Als we hen nauwkeurig gadeslaan, zullen we beseffen dat hun leven de zoetheid van liefde en de glorie van zelfopoffering laat zien. Amma toont ons hoe we onze plichten kunnen vervullen terwijl we van ieder moment van het leven genieten. Als iedere handeling van ons een uitdrukking van liefde wordt, wordt het mooi. Onbaatzuchtige daden komen uit liefde voort.

Goddelijke liefde stroomt helemaal zonder reden. Al onze spirituele oefeningen moeten we doen om deze goddelijke liefde tot leven te wekken. Wanneer het leven het gevaar loopt mechanisch te worden, bezielt de geheiligde aanwezigheid van de Guru het met de geur en koelte van liefde. Haar aanwezigheid maakt iedere ervaring in het leven tot een middel om God te bereiken.

De Guru is de belichaming van liefde en zelfopoffering, een vuurtoren van wijsheid. De grote Gurus zijn als lichtbakens die aan de boten van het leven die doelloos op de oceaan van samsāra ronddobberen, een gevoel van richting geven. Door haar moederlijke affectie verschaft Amma al haar kinderen de kracht om boven Māyā uit te stijgen en opent ze de poorten tot de weg naar Bevrijding.

In vroeger tijden moest men jarenlang wachten om direct iets van de Guru te horen. Het geduld en gevoel van onthechting werden getest. Het lijkt erop dat de tests in de *gurukula's*[23] van

---

[23] Letterlijk: de kring (kula) om de leraar (Guru). In het verleden verbleven studenten bij de Guru in Haar hermitage voor de hele duur van hun studie (een periode van ongeveer twaalf jaar).

weleer moeilijker waren dan de toelatingsexamens voor onderwijsinstellingen tegenwoordig.

Een leerling kwam op een keer bij een Guru die met zijn ogen dicht zat, in meditatie verzonken. Hij wachtte totdat de Guru zijn ogen opende. Hij moest jaren wachten voordat hij gezegend werd met de welwillende blik van de Guru. De Guru deed zijn ogen weer dicht om die pas jaren later weer te openen. De leerling verheugde zich. Een paar minuten nadat hij zijn ogen geopend had, sloot hij ze echter weer en verdiepte zich in meditatie. Jaren gingen voorbij. De Guru opende zijn ogen om naar de leerling te kijken die over de voeten van de Guru mediteerde. De leerling raakte in een toestand van vervoering. De Guru sloot opnieuw zijn ogen. De leerling wachtte geduldig. Hij vergat helemaal te eten en te slapen. Na vele jaren opende de Guru zijn ogen weer. Hij omhelsde de leerling. Die omhelzing vond zijn hoogtepunt in de Zelfrealisatie van de leerling. Alle wezens in de Gurus aanwezigheid hebben een verhaal te vertellen, het verhaal van opoffering. De uiteindelijke vrede die deze gezegende levens, deze levende kronieken der liefde, bereiken is een goddelijke elixir voor de bevrijding van samsāra.

God is niet ver weg. Hij is hier in de Gurus aanwezigheid. We hoeven niet verder te dwalen op zoek naar een Guru. Het menselijke leven is niet bedoeld om beperkt te worden tot de golven van de oceaan van samsāra. Als we het oog van liefde openen, zullen we God overal zien. Apathie en angst zullen voor altijd verdwijnen. De Guru is een fenomeen dat onedele metalen in goud kan omzetten. Liefde verandert de aard van onze innerlijke substantie totaal. Als die verandering plaatsvindt, ervaren we dat de hele wereld verandert. Wanneer het zichtbare universum van liefde verstoken is, wordt het werelds. Wanneer het van liefde doordrongen is, wordt het Gods speelterrein.

De processie rondom de berg

De toegewijden die naar Tiruvannāmalai gaan voor het festival rondom het aansteken van de Kārtikalamp, lopen ook om de Arunāchalaberg heen. Ramana Mahārshi zag Arunāchala niet alleen maar als een berg, maar als de Almachtige zelf. Vaak riep hij: "Vader!" en kroop om de hele berg heen. Mahātma's zien de Heer zelfs in objecten die wij als levenloos beschouwen.

Om helemaal om de berg heen te lopen moest men een afstand van ongeveer twaalf kilometer lopen. De vorige dag hadden we de berg beklommen en waren als gevolg daarvan uitgeput. Om deze reden begon niemand aan de processie rondom de berg. Die avond kwam iemand aanrennen en zei: "Amma is nergens te zien!"

We sprongen op en begonnen te rennen. Omdat we het nieuws nogal laat ontvangen hadden, huurden we een paard en wagen en begonnen op verschillende plaatsen naar Amma te zoeken. Ik herinnerde me iets wat de vorige dag had plaatsgevonden toen we de berg beklommen. Er waren veel grotten in de berg. Amma was een ervan ingegaan en begon te mediteren. Zelfs na lange tijd deed ze haar ogen niet open. Het was moeilijk om Amma uit haar meditatie te wekken. Zelfs nadat ze haar ogen geopend had, stemde ze er niet mee in om met ons mee te komen. Pas na veel vlijen was ze naar buiten gekomen. Toen Amma naar buiten stapte, zei ze: "Ik heb helemaal geen zin om deze plaats te verlaten. Ik beheers de drang om te blijven door aan mijn kinderen te denken."

We dachten dat Amma een grot was in gegaan. Hoe moesten we haar vinden? Er waren zoveel grotten in de reusachtige Arunāchalaberg. In pure wanhoop gingen we van hot naar her om Amma te zoeken. Tegen die tijd had de paard en wagen Arunāchala bereikt. We moeten ongeveer vijf kilometer gereisd hebben over de weg die rondom de berg loopt. Op dat moment kregen we Amma in zicht die een stuk verderop liep. Toen we haar ingehaald hadden, stapten we van de wagen af en renden naar haar toe.

Haar vingers maakten een mudra. Haar gezicht had een betoverende glimlach. Haar ogen waren halfopen. Amma wankelde onder het lopen. De Godin Pārvati die om Parameshvara heen liep. Die indruk maakte het op mij. We liepen met haar mee. De paard en wagen vergezelde ons. We probeerden Amma's geest van de verheven hoogte naar beneden te brengen door Vedische mantra's te reciteren. We zongen devoot uit alle macht bhajans en liepen zo om de berg heen. Het herhalen van de *pranava-mantra 'Om'* het reciteren van mantra's met vijf lettergrepen en het zingen van bhajans deden de gelukzaligheid van devotie op ons neer regenen. Na een lange afstand gelopen te hebben draaide Amma zich om om vol compassie naar ons te kijken. Haar blik had de kracht om je karmische last en vāsana's tot as te verbranden. Geleidelijk kwam Amma naar beneden naar ons niveau. Ze begon toen grappen te maken en over koetjes en kalfjes te praten. Een tijdje later ging Amma onder een boom naast de weg zitten. We kropen allemaal bijeen om haar heen. Na wat rust liepen we verder. Hoezeer we er ook op aandrongen, Amma weigerde in de wagen te gaan. We liepen ongeveer twaalf kilometer. Op de plaats waar de ommegang eindigde, merkte Amma een slangenbezweerder op. Hij liet met zijn spel de slangen dansen. Als een klein kind stond Amma met de grootste nieuwsgierigheid naar dit verschijnsel te kijken.

"Kinderen, waarom hebben slangen geen armen en benen?"

Iedereen begon te lachen toen hij deze vraag hoorde. Amma zelf gaf het antwoord. "Toen ze wel armen en benen hadden, moeten ze die verkeerd gebruikt hebben. Kinderen, denk eraan dat dit het lot van zulke mensen kan zijn."

De uitdrukking op Amma's gezicht veranderde. De allure en waardigheid van de Guru waren duidelijk op haar gezicht te lezen. Ze ging verder: "Kinderen, Amma weet dat jullie van niets of niemand meer houden dan van Amma. Jullie kunnen aan geen andere God denken. Daarom is deze ommegang voor jullie niet nodig. Maar de samenleving ziet jullie als voorbeeld. Onze voorouders konden God in de Guru zien. Niet iedereen kan dit misschien in deze tijd doen. Daarom zijn gebruiken als ommegangen voor gewone mensen nodig. De samenleving moet deze gebruiken van mensen als jullie leren. Kinderen, jullie moeten ook een voorbeeld stellen door deze gebruiken zelf te volgen. Daarom moeten jullie de gebruiken in ere houden teneinde de gewone mensen te verheffen die ronddolen in het woud van transmigratie. Om jullie dit te leren moest Amma zich op deze manier gedragen."

Amma zei later: "Amma geeft haar kinderen altijd uitbranders. Jullie moeten niet bedroefd zijn door te denken dat Amma niet van jullie houdt. Juist omdat Amma vol liefde is, berispt ze jullie. Kinderen, jullie zijn Amma's rijkdom. Toen ze alles opgaf, was er iets dat ze niet op kon geven, haar kinderen! Wanneer jullie het licht voor de wereld worden, zal Amma echt gelukkig zijn. Ze heeft jullie lof of diensten niet nodig. Verzamel de kracht om de last van het verdriet van de wereld op je schouders te nemen."

Amma's honingzoete woorden werkten louterend. We vielen aan haar heilige voeten en baden: "Amma, maak goede mensen van ons. Mogen we in staat zijn ons leven op te offeren voor het welzijn van de mensen."

De Eenvoud van een Wijze

21

Mensen zijn er gewoonlijk op gebrand om met hun onbelangrijke talenten te pronken, maar mahātma's verhullen hun sublieme grootheid en vermaken zich in de wereld. Nu en dan stroomt er iets over uit hun overvolle pot en nemen we dat uiterst verbaasd in ons op.

"Waarom verbergen mahātma's hun glorie en gedragen ze zich als gewone mensen?" Ik hoorde een toegewijde deze vraag eens aan Amma stellen.

Amma's antwoord was een tegenvraag: "Waarom vermommen politieagenten zich soms tijdens een onderzoek? Soms handelen ze zelfs als dieven."

Ik heb vaak gedacht dat Amma zo'n politieagent is. Ze heeft de menselijke vorm alleen maar aangenomen om ons met haar liefde te binden. Waarom zou ze ons binden? Om ons van de ketenen van al onze gehechtheden te bevrijden. Om ons eeuwig vrij te maken. Om ons te helpen het rijk van Vrede te bereiken.

Hoewel Amma erg haar best doet om haar ware aard te verbergen, hebben haar pogingen niet altijd succes, vooral niet bij haar kinderen die haar als een schaduw volgen. Daarom krijgen de āshrambewoners talloze gelegenheden om persoonlijk op zijn minst een beetje van Amma's glorie mee te maken.

Ik herinner me een voorval dat plaatsvond nadat ik in de āshram was gaan wonen. Toen ik een keer bij dageraad na mijn *archana* en meditatie uit de kalari kwam, zag ik Amma op de veranda iets met grote haast zitten schrijven. Ik liep langzaam naar waar ze zat. Met één hand bedekte Amma snel wat ze geschreven had. Ze keek me aan en zei: "Zoon, kom nu niet hier!" Ik gehoorzaamde.

Maar mijn nieuwsgierigheid was gewekt. Wat zou Amma kunnen schrijven? Laat ik wachten totdat ze klaar is, besloot ik. In de daaropvolgende uren schreef Amma twee schriften van tachtig bladzijden vol. Ik ging weer naar Amma en vroeg: "Amma, wat heeft u geschreven?"

"Niets, mijn zoon."

"Niets? Ik zag u verwoed schrijven, twee schriften vol!"

Amma glimlachte alleen en zei: "Ik kan het me niet herinneren."

"De gebeurtenissen van miljoenen voorbije jaren kwamen in me op." Amma had deze regel geschreven in een gedicht dat ze jaren geleden opschreef. Hoe kon iemand die zich alles kon herinneren wat in vele levens gebeurd was, zich niet herinneren wat een paar momenten geleden gebeurd was? Mijn verlangen om erachter te komen wat Amma geschreven had, werd geprikkeld.

Zonder verdere opmerkingen pakte Amma de schriften op en rende weg. Ik zocht overal maar kon haar niet vinden. Ik wist dat Amma onzichtbaar kon worden als ze dat wenste. Maar waarom was ze met die schriften weggerend? En wat dan nog als ik die schriften lees? Ik zag Amma pas veel later, tegen de schemering. Ze lag tussen de kokospalmen in diepe slaap. Ik zocht het hele āshramterrein af naar die schriften, maar kon ze niet vinden. Uiteindelijk gaf ik het op om ze te vinden.

Vele maanden gingen voorbij. Toen ik op een keer de hut schoonmaakte waarin Amma verbleef, viel mijn oog op een hutkoffer. Er kwamen aan alle vier de kanten mieren uit. Toen ik hem opendeed, zag ik de schriften die Amma geschreven had. Ik was de mieren zo dankbaar dat ze me naar de schriften geleid hadden.

Ik pakte ze op. Toen ik er eer opendeed en de eerste bladzijde las, stond ik versteld. Amma had de moeilijk te doorgronden en diepe mysteries van het universum in verrassend mooie taal uitgelegd. Die regels liepen over van ongelooflijk poëtische schoonheid. Toen ik de volgende bladzijde las, werd ik me ervan bewust dat Amma vanaf een afstand naar de hut liep. Ik legde de schriften terug waar ze gelegen hadden.

In die tijd had een toegewijde uit Trivandrum die vaak naar de āshram kwam, enkele ambrozijnen uitingen van Amma tot epigrammen bewerkt. Hij kreeg van Amma toestemming om ze te publiceren. Het zou de eerste āshrampublicatie worden. Wat zou het leuk zijn, mijmerde ik, als de inhoud van die schriften die Amma geschreven heeft, in deze publicatie opgenomen kon worden. Laat de mensen beseffen wie Amma echt is.

Ik ging snel de hut in, opende de hutkoffer en nam de schriften eruit. Plotseling verscheen Amma als uit het niets. Ze rukte beide schriften uit mijn handen. Ik probeerde hard om ze van haar los te rukken. Hoewel ik wist dat ik onmogelijk de verpersoonlijking van Almacht in een worstelwedstrijd kon verslaan, wilde ik er later geen spijt van hebben dat ik niet geprobeerd had die schriften te bemachtigen. Amma versloeg me moeiteloos en greep de schriften uit mijn handen. Ze scheurde ze in stukken en gooide ze in de backwaters. Toen Amma de schriften van mij wegrukte, waren er een paar bladzijden in mijn handen gebleven. Met die bladzijden rende ik weg. Ik troostte me met de gedachte dat ik het klaargespeeld had om ten minste iets te bemachtigen. Die bladzijden verschenen later onder de titel *Amrita Upanishad* in de eerste editie van de eerste āshrampublicatie.

Als we lezen wat Amma gebeeldhouwd heeft met de deskundige handen van een goddelijke woordensmid, wordt het duidelijk dat Amma alwetend is. Er is geen verder bewijs nodig. Ze beschrijft onder andere hoe de ziel de baarmoeder ingaat en onder het gewicht van zijn karmische last lijdt als hij zich zijn zonden uit het verleden herinnert; hoe hij in totale overgave tot God roept; hoe hij ter wereld komt met een lichaam dat de last van genot en pijn draagt en hoe hij door het leven zwerft dat een mengsel van pijn en genoegen is.

Amrita Upanishad

Het lichaam is de oorzaak van verdriet. Alle verdriet wordt veroorzaakt door het lichaam, dat niets anders is dan een verzameling verdriet die uit het resultaat van karma voortkomt. We verrichten iedere daad egoïstisch, dat wil zeggen met de ik-gedachte. Het ego wordt uit onwetendheid geboren. Het lichaam is bewust door associatie met het stralende Ātma, zoals een roodgloeiend stuk metaal dat met vuur in contact is. Het Ātma denkt 'Ik ben het lichaam' door associatie met Māyā. Deze misvatting verstrikt alle wezens in het netwerk van samsāra. Hierdoor bereikt de geest het pad naar Bevrijding niet. Afhankelijk van het evenwicht tussen de verdienstelijke en zondige daden die men verricht heeft, krijgt men een hoog of laag nieuw leven. Handelingen, of ze deugdzaam zijn of niet, creëren een lichaam. Sommige mensen wensen in de hemel te wonen en verrichten offers en charitatieve daden die als deugdzaam beschouwd worden. Als ze na de dood in de hemel komen, kunnen ze daar blijven en hemelse gelukzaligheid genieten totdat de gevolgen van hun deugdzame daden opgebruikt zijn. Daarna vallen ze regelrecht in de maansfeer en vandaar verenigen ze zich met ijsdeeltjes en vallen op de aarde. Hier worden ze etenswaar zoals rijst die in bloed wordt omgezet wanneer mensen die eten. Dit wordt het zaad van een man, dat in de baarmoeder van een vrouw gestort wordt. Het wordt onmiddellijk door een membraan omgeven en groeit. Een samenvatting van dit proces is als volgt:

In één dag verenigen het zaad en het eitje zich en worden een embryo. Na vijf nachten ontwikkelt het zich tot een klontje. Na nog eens vijf dagen wordt het een klompje vlees. Na weer vijftien dagen bedekken kleine bloeddruppeltjes dit klompje. In de 25 dagen daarna beginnen er ledematen te groeien. Na drie maanden hebben de ledematen gewrichten en in de vierde maand verschijnen er vingers. Lichaamsdelen als tandvlees, nagels, voortplantingsorganen, neus, ogen en oren verschijnen in de vijfde maand. In de zesde maand komen er gaten in de oren. In de zevende maand ontwikkelen zich het geslachtsorgaan, navel, armen en mond. In de achtste maand begint het haar op het hoofd en andere lichaamsdelen te groeien. In de negende maand begint de foetus zijn handen en benen in de baarmoeder te bewegen. Vanaf de vijfde maand is de levenskracht in de foetus waarneembaar. De essentie van het voedsel dat de moeder eet, wordt door de navelstreng opgenomen, die zich aan de mond van de baarmoeder bevindt en vastzit aan dunne kanaaltjes die de voedselessentie transporteren die de foetus voedt. Nadat het lichaam zich ontwikkeld heeft en de levenskracht helemaal manifest geworden is, herinnert het kind zich zijn voorbije levens en denkt: "O God, ik ben in zoveel verschillende baarmoeders geboren. Ik heb zoveel slechte daden verricht. Ik heb zoveel rijkdom met onjuiste middelen vergaard. In die levens heb ik nooit aan U gedacht of Uw heilige naam herhaald. O God, het lijden dat ik nu onderga is daar het gevolg van. Wanneer zal ik uit deze hel kunnen komen? Als ik weer geboren word, zal ik nooit iets slechts doen. Ik zal alleen deugdzame daden verrichten die binnen mijn vermogen liggen."

Met zulke verheven gedachten en gebeden tot de Heer en na voltooiing van tien maanmaanden komt het kind door het vaginale kanaal naar buiten door de druk van de weeën. Hoeveel de ouders ook van hem houden en hoe goed ze ook voor hem zorgen, het verdriet van de kinderjaren is ondraaglijk. Zo is het ook zeker dat mensen op de een of andere manier zelfs in hun jeugd of op hoge leeftijd verdriet lijden. Waarom hier lang over uitweiden? Het lichaam is slechts een hoop verdriet. Door identificatie met het lichaam ervaren mensen genot en pijn. Het is een feit dat het lijden van geboorte en dood door

153

het lichaam veroorzaakt wordt. Het Ātma is eeuwig en gescheiden van de grove en subtiele lichamen. Realiseer je deze waarheid en geef de liefde voor het lichaam op. Leef als een kenner van het Ātma. Alle onwetendheid zal verdwijnen als je eenmaal weet dat het Ātma gescheiden is van de waarneembare wereld van Māyā. Het Ātma is altijd zuiver, altijd vredig, onvergankelijk, altijd wakker, onpartijdig, voorbij alle eigenschappen, het ene Zelf van het hele universum, het hoogste Brahman. Houd dit principe in gedachten en leef op aarde totdat al je prārabdha karma op is.

De foto die de auteur nam en die hij later in het huis van
Śāntārām zag. (Verhaal op bladzijden 179 – 181)

Uitdrukkingen van Goddelijkheid

22

Als we bij Amma leven, krijgen we ontelbare gelegenheden om uitdrukkingen van onschuld in haar mentale en fysieke daden te zien. Een paar jaar geleden bracht een toegewijde een pakje snoepjes. Amma riep ons allemaal en zei: "Kom, kinderen, er zijn lekkere snoepjes hier." Ze verdeelde de snoepjes onder ons en bewaarde de papiertjes zorgvuldig. Toen we om de papiertjes vroegen, zei Amma: "Nee, die geef ik aan niemand. Het zijn zulke mooie papiertjes. Ik wil ze allemaal!" Een tijdje later zagen we de papiertjes lukraak rondgestrooid. Werkelijk, Amma houdt niets voor zichzelf. Het gezicht van de verspreide papiertjes bracht de boodschap over dat alles voor haar kinderen was.

Soms nodigden toegewijden die ver weg woonden, Amma bij hen thuis uit. Als we op onze reis daarheen over een rivier heen moesten, hielden we halt om in de rivier te zwemmen. In zulke situaties dook Amma het water in en weigerde dan om eruit te komen. Als al onze smeekbeden gefaald hadden, gingen we in onze auto zitten, verslagen. Pas dan kwam Amma de rivier uit en dan nog met de grootste tegenzin.

Op een keer reisden we per trein naar een heilige plaats in Tamil Nādu. Toen de trein door een dorp reed, zei Amma plotseling: "Ik wil onmiddellijk uitstappen."

Het volgende station was ver weg, maar Amma hield voet bij stuk en begon met ons te twisten. Tot onze verbazing stopte de trein plotseling. Het was alsof de trein reageerde op een signaal om te stoppen dat ergens vandaan kwam. Meteen sprong Amma uit de trein en liep naar een plaats niet al te ver weg, waar ze op de grond ging liggen. We waren vreselijk bezorgd, omdat de trein ieder moment verder kon rijden. We verzochten Amma dringend om in de trein te stappen, maar haar enige antwoord was: "Val me nu niet lastig! Laat me alleen! Ik ga hier niet weg!"

Omdat we geen andere manier zagen, droegen twee toegewijden Amma uiteindelijk terug de trein in.

In die tijd had Amma de fysieke kenmerken van een kind. Een vraag die men vaak vol verwondering stelt is: "Waarom zijn mahātma's zo onschuldig en waarom is onze aard zo anders?"

Komt het door een gebrek in ons? Nee, het komt niet door een gebrek. Het is omdat we van bepaalde dingen te veel hebben, dat wil zeggen het ego, de houding van 'ik' en 'mijn' en de bijbehorende voorkeuren en afkeer in onze persoonlijkheid. Het is deze bekrompen opvatting over 'ik' die de indruk creëert dat we iets missen. Vanuit dit gevoel van tekort of onvolledigheid worden verlangens geboren. We vergeten dat we heel en volledig zijn omdat onze geest door de sluier van het ego bedekt is.

Wat doet een Guru of mahātma? De Guru hakt het materiaal dat geen deel van ons uitmaakt weg. Ik herinner me het verhaal van een man die de eigenaar was van een winkel die antiek en beelden verkocht. Op een keer bezocht een vriend de eigenaar. Lieftallige beelden van allerlei vormen en kleuren waren uitgestald. Voor de winkel lag een ruw uitgehouwen steen op de grond. De vriend zag dat de in de winkel tentoongestelde beelden erg duur waren. De vriend wees naar de steen op de grond en vroeg voor hoeveel de eigenaar het wilde verkopen. "O, dat ding?" zei de eigenaar alsof hij er totaal niet geïnteresseerd in was. "Ik zou heel blij zijn om het je te geven om ervan af te zijn." Hij gaf zijn vriend de steen meteen.

Een paar dagen later ging de eigenaar van de winkel zijn vriend opzoeken. Toen hij een schitterend beeld van Devi in de pūjakamer van zijn vriend zag, was de eigenaar verrast. "Waar heb je dit verbazingwekkende beeld vandaan?" vroeg hij vol ongeduld.

De vriend antwoordde: "Ik heb het gehouwen uit de steen die voor jouw winkel lag en die ik een paar dagen geleden heb meegenomen. Jij vraagt je zeker af hoe die vormloze massa steen dit prachtige beeld van God kon worden, is het niet?" Hij vervolgde: "Eerst heb ik alle vuil van de steen afgewassen. Daarna heb ik alle overtollige delen van de steen afgebeiteld en toen heb ik het gepolijst. Zo is dit prachtige beeld ontstaan."

Dit is wat de Guru doet. Door gedisciplineerde voorschriften verwijdert Ze de onnodige vāsana's uit ons karakter en brengt de goddelijkheid die in ons verborgen is, naar buiten. Zo bereiken we Heelheid.

Maar zelfs als de Guru bij ons is, krijgen we misschien niet de resultaten die we verwachten. De Guru is als een magneet, een goddelijke magneet. Er zijn drie soorten mensen. Heel weinig zijn als staal, dat magnetisch wordt door dicht bij de magneet te zijn. Zelfs als de originele magneet verwijderd wordt, verliest het staal zijn magnetische kracht niet, maar behoudt die. Dit zijn de eersterangs leerlingen. Zulke leerlingen worden later zelf Guru.

De tweede groep mensen is als ruw ijzer. Het wordt tot de magneet aangetrokken. Maar als de magneet verwijderd wordt, verliest het ruwe ijzer zijn magnetische kracht. De meesten van ons voelen ons zeer sterk tot een mahātma aangetrokken, maar zodra we bij de mahātma weggaan, vallen we terug in het achternarennen van materiële genoegens en andere egoïstische belangen. We worden hiertoe door de kracht van onze vāsana's en verlangens gedwongen.

De meeste mensen vallen in de derde categorie. Zulke mensen zijn als een stuk hout. Zelfs wanneer ze vlak voor de magneet die de mahātma is, geplaatst worden, maakt dat voor hen niets uit. Niet alleen voelen zulke mensen zich niet tot mahātma's aangetrokken, ze kunnen ook niets groots in hen zien. We kunnen wat troost putten uit het feit dat we dankzij Amma's genade niet in deze categorie vallen.

Hoe wordt staal magnetisch, wanneer het bij een magneet wordt geplaatst? De nabijheid van de magneet maakt dat de atomen in de stalen staaf zich in dezelfde richting opstellen als de atomen in de magneet. Als onze omgang met de Guru voor ons van nut wil zijn, moeten we ons lichaam, onze geest en ons intellect opnieuw richten op de doelstellingen en het advies dat Zij gesteld heeft. We moeten de grote hoeveelheid ego afschaven die onze visie op de Waarheid belemmert, en ons aan de wil van de Guru overgeven.

Het menselijke leven dat we nu hebben en de veranderingen die de vorige levens tot stand hebben gebracht, zijn er allemaal op gericht het ego in ons te vernietigen. De Guru of God wil dat we dichterbij komen, zonder egoïsme of trots en met de onschuld van een pas geboren baby.

Ik herinner me een voorval dat vele jaren geleden tijdens de Krishna Bhāva darshan plaatsvond. Amma maakte de innerlijke goddelijkheid wakker door lofliederen op Krishna te zingen. Het terrein voor de kalari was vol toegewijden die lachten en in devotionele extase dansten.

De Bhāva darshan begon. Ik stond in de kalari naast Amma en sloeg alles gade. Het was de perfecte gelegenheid om van dichtbij Amma's speelse stemmingen te zien en haar talloze geestigheden te horen. Ze stond met één voet op een voetbankje. Ze gaf Krishna Bhāva altijd staand. Amma was de belichaming van een schoonheid die elke beschrijving tartte. Haar gezicht werd gesierd door een betoverende glimlach die als een stralende, pulserende halo was. De toegewijden versierden Amma met glanzende gewaden, een kroon en bloemenkransen. Sommigen lieten hun hoofd hangen uit angst dat Amma's ondeugende en alwetende blik het binnenste van hun hart zou doorgronden. Het hart van anderen steeg op naar de hoogste toestand van gelukzaligheid en hun ogen gaven een nieuwe betekenis van tranen aan.

Er waren twee rijen toegewijden voor de darshan. Iedereen zag twee jongemannen, die de rij oversloegen, de kalari binnen glippen. Sommigen vonden het niet leuk dat ze meteen de kalari in gingen, terwijl er zoveel mensen in de rij voor darshan stonden te wachten. Amma's uitdrukking veranderde echter niet. Ze kwamen allebei voor haar staan. Een van hen sprak.

"Amma, dit is mijn vriend. Hij is vanaf zijn geboorte stom. Zijn familieleden lijden er ontzettend onder. Wat moeten we doen zodat hij kan spreken?"

Amma keek mij aan en glimlachte lief. Ik begreep de betekenis van haar glimlach niet. Zonder iets te antwoorden liefkoosde Amma hen allebei. Ze gebaarde hun aan de kant te gaan zitten. Ze gingen in een hoek van de kalari zitten. Amma vraagt bepaalde toegewijden een tijdje te zitten mediteren. Lang geleden zei Amma tegen mij hetzelfde. Toen ik haar op die dag ging testen, nam ze een handvol chrysanten uit een mand, stopte die in mijn handen en zei me dat ik 41 bloemen af moest tellen. Ik begon ze zeer zorgvuldig te tellen. Toen ik klaar was met tellen, besefte ik dat Amma me precies 41 bloemen gegeven had. Met de bloemen in de hand keek ik naar Amma. Lachend vroeg ze: "Klaar met tellen?"

Ik antwoordde: "U hebt me 41 bloemen gegeven!" Zonder iets te zeggen lachte Amma opnieuw.

Bij veel gelegenheden tijdens Krishna Bhāva later heb ik gezien dat Amma bloemen aan toegewijden gaf en hen die liet tellen. Ik was verbaasd. Het waren er altijd 41! Op een dag vroeg ik haar: "Amma, weet u niet dat het precies 41 bloemen zijn? Waarom vraagt u mensen dan te tellen?"

"Zoon, als ze niet een bepaalde taak krijgen, denken ze aan iets anders. Ik vraag hun dit te doen zodat ze niet aan andere dingen denken, ten minste niet wanneer ze hier zijn. Is het niet zo dat de geest begint rond te dwalen, wanneer we niets doen? Laat de geest met de bloemen bezig zijn. Moge het hart zacht als een bloem worden. Moge de bloem van het hart bloeien en zijn geur verspreiden."

Ik besefte dat er duizend betekenissen achter al Amma's handelingen zaten. Er is zoveel te leren van iedere beweging van haar. Ik werd me er bewust van dat wat de Guru op ons overbrengt, datgene is wat niet onderwezen kan worden.

Nadat de jongemannen een tijdje gezeten hadden, moeten hun benen pijn gedaan hebben, want ik zag ze langzaam opstaan en weggaan. Toen ze naar buiten gegaan waren, zei Amma: "Zoon, de twee die net weggegaan zijn, zijn gekomen om me te testen. Die man is niet stom. Hij deed alleen alsof."

"Amma, u had ze dat kunnen vertellen. Zullen ze anders niet denken dat u zulke zaken niet kunt zien?"

Toen Amma mijn uitbarsting hoorde, glimlachte ze. "Zoon, wat kan ons het schelen als zij zo denken? Let ze hun gang gaan. Hebben ze per slot van rekening niet de moeite genomen om hier te komen? Laat ze blij zijn en denken dat ze gewonnen hebben. Waarom zouden wij andere mensen hun vreugde ontnemen?"

"Zou hen dat niet nog egoïstischer maken?"

Toen Amma mijn vraag hoorde, zag ik haar expressie veranderen. "Zoon, als ze egoïstisch worden, zal de natuur de wapens opnemen om hen te verpletteren."

Ik probeerde verder niets te zeggen. Dat waren alwetende woorden.

Twee dagen later kwam er een briefkaart die aan Amma geadresseerd was. Er was het volgende op geschreven:

"Kind, je herinnert je ons misschien. Ik ben degene die op die dag de stomme man naar je bracht. In werkelijkheid is hij niet stom. Kind, we zijn daar gekomen om te zien of je dit kon achterhalen. Wij zijn rationalisten. Dat je ons niet doorhad, bewijst dat je geen speciale kracht bezit. Mijn lieve meid, het zou goed zijn als je met dit alles ophield en iets anders zou doen."

Ik rende naar Amma met deze hoogst bespottelijke brief in mijn handen. Ik overhandigde hem aan haar en zei: "Amma, lees deze brief alstublieft."

Amma las de brief en lachte hard. Ik zei: "Wat denkt u nu? Heb ik u toen niet gezegd dat ze met u zouden spotten? Amma u had het hun meteen moeten vertellen! Hebben ze nu niet het overwicht gekregen?"

Toen Amma mijn woorden hoorde, begon ze opnieuw te lachen. Ze zei: "Zoon, wees niet van streek. Ze zullen hier terug-komen."

Een paar dagen later kwam er een grote groep mensen in de āshram aan. De twee jongemannen die eerder gekomen waren, waren er ook bij. Ik vroeg ze op de man af of ze weer gekomen waren om Amma te testen.

"Helemaal niet! We moeten Amma dringend spreken om haar om vergeving te smeken. Daarom zijn we gekomen."

Toen ik deze woorden van de vriend van de 'stomme' hoorde, vroeg ik: "Wat is er gebeurd dat jullie je nu zo voelen?"

"Ik zal alles eerlijk opbiechten. Ik zal alles tegenover Amma bekennen."

Omdat ik nog een spoortje twijfel voelde, keek ik nauwlettend naar hem. Toen ik de uitdrukking op zijn gelaat zag, besefte ik dat iets hem erg dwarszat. Toen Amma over hun komst geïnfor-meerd was, riep ze hen onmiddellijk bij zich. De hele groep ging de hut in en ging zitten. Ze begonnen bij Amma hun problemen uit te storten. De man die eerder gekomen was, voerde het woord.

"Wij zijn studenten aan het M.S.M. College in Kāyāmkulam. We zijn hier een paar dagen geleden geweest. Toen we voor darshan bij Amma kwamen, deed een van ons alsof hij stom was. We weten dat wat we deden verkeerd was. Niettemin hebben we gedaan wat we gedaan hebben. Nu is mijn vriend werkelijk stom geworden. Ik ben diep bedroefd. Ik ben met hem naar veel artsen gegaan. Ze zeiden allemaal dat er helemaal geen probleem was. Toen ik zijn familieleden informeerde, namen ze hem ook mee naar allerlei mensen, maar tevergeefs. Ten slotte zei een deskundige in astrologische berekeningen: 'Hij heeft het ongenoegen van iemand in een heilige plaats opgelopen. Alleen als hij naar die plaats gaat en zijn zonde weer goed maakt, zal hij weer kunnen spreken.' Daarom zijn we opnieuw gekomen met onze familieleden. Amma, u moet hem helpen."

Amma omhelsde de persoon die stom geworden was. Ze legde zijn hoofd op haar schoot en troostte hem. Ze drukte een vinger op de tong van de man en sloot haar ogen een tijd. Toen liet ze hem wat gewijd water drinken. Amma moedigde hem toen aan de woorden 'Amma' en 'Acchan' te zeggen. Hij stotterde en deed erg zijn best om die woorden te zeggen. Na een paar momenten kon hij weer spreken. Hij riep luid "Amma!" en barstte in tranen uit. Tranen welden op in de ogen van allen die van dit tafereel getuige waren.

In koor smeekten de familieleden Amma hun kinderen te vergeven voor de fout die ze begaan hadden. Amma zei: "Amma wilde helemaal niet dat deze kinderen iets slechts overkwam. Maar God kijkt naar alles wat we doen. We mogen niet vergeten dat de natuur duizend ogen en oren heeft. Daarom moeten we voorzichtig zijn voordat we iets zeggen of doen. Spreek geen zinloze woorden. Verbeuzel je tijd niet. Het leven is erg kostbaar. Ieder moment is onbetaalbaar. Weet dat dit lichaam waarmee God ons gezegend heeft, een middel is om goede daden mee te verrichten. Onze woorden moeten anderen troosten. Daarom heeft God ons een tong gegeven. Gebruik die niet om anderen belachelijk te maken of te kwetsen. Iedere handeling van ons hoort een nobele daad te zijn. Door goede gedachten en goede daden moeten we van ons kostbare mensenleven een aanbidding van God maken."

Amma's nectarachtige woorden brachten een verbazing-wekkende transformatie in hen tot stand. Ze bleven allemaal terugkomen om haar te zien. Nu ze nieuwe horizonten in het leven gezien hadden, gaven ze zich aan Amma's heilige voeten over met het vaste besluit hun leven aan het welzijn van de samenleving te wijden.

In de Metropool Mumbai

23

Toen ik in Amma's goddelijke aanwezigheid met sādhana bezig was, moest ik de āshram toch weer verlaten. Mijn vader had voor mij voor een goede baan in Mumbai (Bombay) gezorgd. Amma stond er ook op dat ik weg zou gaan en een tijd zou werken. Hoe kan men Amma verlaten en ver weg blijven, wanneer men een tijd lang in haar fysieke nabijheid geweest is? Ik had geen andere keus dan haar te vertellen dat ik dat niet zou doen. Amma was echter de zienswijze toegedaan dat ik verplicht was om voor mijn vader en moeder te werken, omdat ik van hun toestemming had gekregen het spirituele pad te volgen. Voor die logica zwichtte ik en stemde ermee in te gaan werken. Ik stond er echter op dat ik Amma's nabijheid even duidelijk wilde voelen als ik het toen voelde. Zoniet, waarschuwde ik Amma duidelijk, zou ik terugkeren, zoals ik eerder uit Bangalore was teruggekeerd. Amma stelde me gerust dat ze altijd bij me zou zijn.

Ik kwam in de grote stad Mumbai aan. Toen ik erover nadacht hoe Amma besloten had mijn leven weer op te offeren op het altaar van het materialisme, huilde ik. Ik had het geluk dat ik een plaats om te verblijven vond op het terrein van Sāndīpani Sādhanālaya, een spirituele organisatie. Hiervandaan kon ik naar het werk gaan. Mijn werk was ver weg. Als ik met de bus ging, moest ik ongeveer anderhalf uur reizen. Per trein was het een half uur. Ik besloot de bus te nemen. De treinen waren overvol. Vaak moest men zo behendig als een acrobaat zijn om in een trein te komen.

Voor iemand uit een plaats als Kerala zou dat een heel avontuur geweest zijn. De bussen zaten daarentegen niet vol. Je kreeg volop tijd om je mantra te herhalen. Omdat er veel verkeersopstoppingen waren, duurde het lang voordat je je bestemming bereikte. Daarom reisden de meeste mensen per trein.

De eerste busreis bleek verrassend te zijn. Toen ik instapte, zag ik dat de meeste plaatsen niet bezet waren. Met mijn *māla* (rozenkrans) in de hand, ging ik op een lege stoel zitten. Ik voelde me getroost door het feit dat ik me nu kon verdiepen in het herhalen van mijn mantra. Ik visualiseerde Amma en begon hem te herhalen.

Bij de volgende bushalte stapte een jonge vrouw in en ging naast me zitten. Ik vond het niet leuk dat ze naast me kwam zitten als er zoveel plaatsen leeg waren. Niet alleen dat, ze leunde tegen me aan, alsof ze de bedoeling had het herhalen van mijn mantra te hinderen.

Ik vroeg me af waarom ze daar zat en me stoorde. De meeste stoelen waren leeg. Waarom was ze er zo op gebrand om naast mij te zitten als ze ergens anders had kunnen zitten? Terwijl ik over deze dingen nadacht, keek ze naar me en glimlachte. Ik beantwoordde de glimlach niet. Ik keek door het raam naar buiten en perste me in een hoek. Ze schoof nog dichter naar me toe! Ik keek haar met de grootste minachting aan, stond op en ging op een lege stoel voor in de bus zitten.

Na een tijdje ging de vrouw op een stoel tegenover me zitten. Eerst kon ik haar alleen zien als ik mijn hoofd omdraaide, nu zat ze precies voor me. Zelfs als ik in een andere richting keek, bleef ze zichtbaar. Ze was daar ongetwijfeld met dat doel voor ogen gaan zitten. Ik moest naar beneden kijken om haar niet te zien. Maar hoelang kan men zo zitten? Korte tijd later stond ik op, liep naar de achterkant van de bus en ging daar op een stoel zitten.

Gelukkig kwam de vrouw niet hier, hoewel ze van tijd tot tijd naar me leek te kijken. Om haar blik te vermijden sloot ik mijn ogen.

Omdat ik de vorige dag gereisd had, was ik erg moe en viel bijna onmiddellijk in slaap. Ik droomde dat Amma kwam en naast me ging zitten. Ze omhelsde me met buitengewone liefde en affectie. Ik legde mijn hoofd op haar schouders en huilde lang. Amma liefkoosde me en probeerde me te troosten. Ze zei herhaaldelijk dat ze bij me was. Toen er een verkeerslicht op rood sprong, remde de bus plotseling. Iedereen in de bus werd door elkaar geschud. Toen ik mijn ogen opendeed, schrok ik; mijn hoofd ruste op iemands schouder. Toen ik besefte dat het de schouder was van de vrouw die eerder naast me gezeten had, sprong ik op. Zelfs toen glimlachte ze naar me. Toen ik die glimlach zag, werd ik bleek. Omdat ik niet wist wat te doen, stond ik verstijfd als een standbeeld. De forenzen in de bus keken naar me. Niemand keek naar die vrouw. Ze leken haar zelfs niet opgemerkt te hebben. Toen de bus bij de volgende halte stopte, sprong ik eruit. Toen nam ik een taxi naar het werk.

De volgende dag schreef ik Amma een brief.

> "Amma, Mumbai is op geen enkele manier bevorderlijk voor *sādhaks*. De vrouwen hier zijn helemaal niet in orde. Amma, is dit wat u bedoelde toen u zei dat u bij me zou zijn? Mijn spirituele oefeningen worden gedwarsboomd. Amma, ik ervaar uw aanwezigheid helemaal niet. Als het zo gaat, heb ik geen andere keus dan snel terug te komen."

Een paar dagen later kreeg ik antwoord van Amma.

> "Lieve zoon, Amma is je komen opzoeken, maar je hebt helemaal geen aandacht aan haar besteed. Zelfs toen Amma naar je glimlachte, glimlachte je niet terug. Amma probeerde met je te praten, maar je gaf haar niet de kans om te spreken. Toen Amma bij je kwam, stond je op en ging

weg. Zoon, je hoeft je hierover niet rot te voelen. Amma komt opnieuw naar je."

Ik stond versteld! Ik herinnerde me het voorval in de bus. Ik had Amma persoonlijk gesmeekt om dicht bij me te blijven. Maar omdat ik niet doorhad dat het Amma was die gekomen was, negeerde ik haar, of liever gezegd ik gedroeg me minachtend. Toen ik me mijn dwaasheid realiseerde, barstte ik in tranen uit.

Toen ik de volgende dag reisde, zat ik daar met volledige aandacht. Ik onderzocht iedereen die bij iedere halte instapte. Er ging niemand naast me zitten. Als de *gopi's* die erop wachtten dat Heer Krishna hun yoghurt zou stelen, zat ik op Amma te wachten. Ik had een plaats naast me voor haar gereserveerd. Er kwam die dag niemand. Ik vergat mijn mantra te herhalen en ging helemaal op in het kijken naar de vrouwen die instapten.

De volgende dag kwam er een donkere vrouw naast me zitten. Ik had helemaal geen twijfel dat het Amma was. Ik staarde aandachtig naar haar gezicht, maar ze sloeg er helemaal geen acht op. Ik probeerde naar haar te glimlachen. Hoewel ze het zag, glimlachte ze niet.

"Amma, u acteert zo goed! Denk niet dat u me voor de gek kan houden." Ik bleef deze zinnen in gedachten herhalen. Ik keek weer naar haar en glimlachte. Toen er geen antwoord kwam, vroeg ik haar: "Bent u Malayāli?"

"Ja," antwoordde ze.

Ik verzamelde moed en vroeg: "Bent u Amma?"

Toen ik de uitdrukking op haar gezicht zag, besefte ik dat ze de vraag verkeerd begrepen had. Ze dacht dat ik gevraagd had of ze getrouwd was en moeder was en antwoordde: "Ik ben niet getrouwd."

"Van waar in Kerala komt u?" vroeg ik nederig.

"Pālakkād," was het antwoord.

Ik stelde me voor en legde de reden van mijn vragen uit. "Ik heb een Guru die in verschillende vormen komt en streken uithaalt om me testen. Ik heb geen idee waar en wanneer ze zal verschijnen. Ik wilde weten of u mijn Guru in vermomming bent. Daarom heb ik u die vragen gesteld. Als ik het u lastig gemaakt heb, vergeef het me dan alstublieft."

Toen de vrouw, die er ernstig uitzag, mijn woorden hoorde, moest ze wel lachen.

De volgende dag schreef ik Amma opnieuw en beschreef uitgebreid de ervaringen tijdens mijn busreizen.

"Ik heb het wereldse leven opgegeven en mijn toevlucht aan uw heilige voeten gezocht. Niettemin hebt u, Amma, die de belichaming van compassie bent, mij weer midden in de wereld geduwd. Ik probeerde totaal afstand te houden van vrouwen, maar nu loop ik achter vrouwen aan. Mijn ogen zijn op hen gericht om te zien of ze Amma zijn!"

Een paar dagen later kwam Amma's brief.

"Zoon, je bent niet ver van me weg. Je kunt mij niet op afstand houden, zelfs als je dat zou willen. Zoon, dacht je dat ik je naar Mumbai heb gestuurd om op kantoor te werken en geld te verdienen? Absoluut niet! Het was om je kijk op de wereld te veranderen. Zoon, Amma weet dat je van haar houdt en zij houdt ook heel veel van jou. Amma is echter niet tot dit lichaam beperkt. Op dit moment zoek je Amma overal. Wat je in vrouwen zoekt is alleen Amma. Alle vrouwen zijn Amma voor je geworden. Daarom is alles wat je doet sādhana geworden. Je activiteiten kunnen op geen enkele manier als werelds beschouwd worden. Zoon, je zult nooit meer zo'n kans krijgen om jezelf te leren alle vrouwen als moeder te zien. Deze scheiding is een vermomde zegen.

Zoon, spoedig zal Amma je weer naar zich terugroepen. Wees niet bedroefd."

Ik las Amma's brief telkens opnieuw. Mijn ogen liepen over van tranen. Zijn er geen grenzen aan de liefde van Jaganmāta, de Moeder van de Wereld? Ik vroeg me zelfs af of ik zo'n goed fortuin wel verdiende.

Hierna verschaften mijn dagen in Mumbai me totaal andere ervaringen, ervaringen die me aanspoorden in het spirituele leven. Ik voelde Amma's liefde stromen vanaf het kantoor, van waar ik verbleef en zelfs vanaf de straten. Waar is God niet? Iedereen overstelpte me met liefde.

Er waren veel dagen waarop ik huilde als ik de ondergaande zon zag. Ik schreef het gedicht *Āzhikullil dinakaran maraññu* (De zon is in de zee verdwenen), terwijl ik aan zee zat. Het was gewoon naar buiten gestroomd op de dag dat ik in Mumbai aankwam. Toen ik de ondergaande zon zag, stelde ik voor dat het een uitdrukking was van het smachtende verlangen van de jivātma om in de Paramātma op te lossen. Dit verlangen nam de vorm van een gedicht aan.

āzhikkullil dinakaran maraññu
anayunna pakalil tengaluyarnnu
vishvashilppiyude vikritikallalle
vishādamentinu nalinangale
vishādamentinu nalinangale

De zon is in de zee verdwenen.
De stervende dag is zijn klaagzang begonnen.
Is het allemaal niet het spel van de universele architect?
Lotusbloemen, waarom deze wanhoop?
Lotusbloemen, waarom deze wanhoop?

akhilāndarājante vinodarangam
ī lokam shoka pūrnam
kalimarappāvayāy ñānum karayuvān
kannunirillātta shilayāy

Dit is het speelveld van de oppermachtige heerser.
Deze wereld is vol verdriet.
Net als een marionet heb ook ik geen tranen, als een standbeeld.

verpādin vedana ullilotukki
tīnālamāy eriyunnu enmanam
tīnālamāy eriyunnu
tīrādukha kadalin naduvil
tīram kānātalayunnu

Terwijl ik de pijn van de scheiding in me onderdruk,
wordt mijn geest verzengd door vlammen.
In de oceaan van eindeloos lijden ploeter ik,
niet in staat om de kust te vinden.

Amma, de zon van kennis, komt echter overal op en verdrijft de donkere schaduw van verdriet. De zon gaat nooit onder. De nacht is niet echt. Voor iemand die in de ruimte reist, is er geen zonsopkomst en geen zonsondergang. Om dit te ervaren, moet men het zenit, het hoogtepunt van spiritualiteit bereiken. Amma verspreidt het elixir van goddelijke gelukzaligheid, dat voorbij vreugde en verdriet is en verdrijft zo de innerlijke duisternis.

Door verschillende ervaringen leerde Amma me de waarheid dat spiritualiteit en materie niet twee waren. Alles is goddelijk! We moeten ernaar streven ieder voorwerp als God zelf te zien. De krachtige ideeën van onze geest kunnen ons naar de Waarheid leiden. We kunnen overal goddelijke energie aanboren, maar eerst moeten we de vereiste innerlijke zuiverheid krijgen. We moeten het hart zuiveren door nobele gedachten, goede daden, gebed, japa, meditatie en dergelijke spirituele oefeningen. We kunnen God, die ieder voorwerp verlicht, ervaren en realiseren.

Iedereen in deze wereld heeft verschillende ervaringen. De mentale constitutie van de een is anders dan die van de ander. Daarom ziet iedereen de wereld anders. Alleen mahājñāni's zien de wereld zoals hij werkelijk is. Als de geest zuiver wordt, wordt een ware visie gemakkelijk.

* * *

In de daaropvolgende dagen werd ik me ervan bewust dat Amma's goddelijke aanwezigheid overal was. Waar ik ook heen ging, altijd wanneer ik hulp nodig had, snelde iemand me te hulp. Ik had reizen met de trein vermeden omdat het zo druk was. Het zou moeilijk geweest zijn in dat gedrang japa te doen. Er waren echter zoveel mensen die het ongemak van het reizen per trein accepteerden. Alleen aan mijn eigen gemak denken leek niet juist. Ik besloot me eraan te wennen per trein te reizen.

De eerste dagen waren echt moeilijk. Geleidelijk kon ik me met de moeilijkheden verzoenen. Ik raakte eraan gewend mijn mantra te herhalen terwijl ik aan alle kanten door forenzen platgedrukt werd. Ik herinnerde me Amma's advies dat het niet nodig was om een bepaalde tijd te reserveren om aan God te denken. Als men onder ongunstige omstandigheden spirituele oefeningen kon doen, werd men er meer voor beloond. Iedere brief die Amma stuurde, ademde de zoete geur van liefde en affectie. De voldoening die men door opoffering verkrijgt, kan men niet door zintuiglijk genot verkrijgen.

Toen ik op een dag de trein instapte, trokken flarden bhajans uit de volgende coupé mij daarheen. Mijn uitgedroogde hart had er naar verlangd om devotionele gezangen te horen en

deze liederen waren als de spreekwoordelijke stroom van nectar.
Wat ik daar zag maakte me blij van hart. Veel mensen zaten op
de vloer en zongen bhajans. Voor hen stond een afbeelding van
Durga met een krans erom. De leden van de bhajangroep zongen
met overgave en vergaten alles. Anderen dansten op de melodie.
Deze mensen hadden zelfs in deze menigte de tijd gevonden om
aan God te denken. Het waren allemaal mensen die op kantoor
werkten. Die dag merkte ik het voorbijgaan van de tijd helemaal
niet op. Van die dag af stapte ik in in de coupé waar de bhajans
gezongen werden. Om hun coupé van de andere te onderscheiden
bonden de leden van de bhajangroep bloemenkransen buiten aan
de ramen. Als ik de kransen zag, rende ik om in die coupé in te
stappen.

Op een dag eindigden de bhajans toen de trein op het laatste
station stopte. Hier stapten de meeste mensen uit. Toen ik uit-
stapte, werd ik aangesproken door de leider van de bhajangroep.
Hij stelde zich voor als Shāntārām. Hij praatte terwijl we samen
verder liepen.

"Ik heb al een paar dagen de bedoeling met u te spreken. Pas
nu heb ik de gelegenheid gekregen. Ik voel me tot u aangetrokken. Ik heb onder de bhajans naar u gekeken en heb tranen over
uw wangen zien stromen. Kunnen huilen terwijl men aan God
denkt is een grote zegen. Ik zou u graag willen leren kennen."

Ik glimlachte alleen maar en zei niets. Het extatische gevoel
dat ik voelde doordat ik naar de bhajans geluisterd had, was nog
niet weggeëbd. Ik probeerde de golven van gelukzaligheid die in
me opkwamen te beteugelen. Na herhaaldelijke aansporingen
stelde ik me voor. Over de gelukzaligheid die men ervaart als
men tot God huilt, zei ik: "Als ik aan de liefde van Jagadīshwari
denk, moet ik wel telkens opnieuw huilen."

Ik weet niet of hij begreep wat ik bedoelde. Hij gaf te kennen dat hij me beter wilde leren kennen. Shāntārām en ik liepen

een lange afstand. Behalve Amma had ik niets anders om over te praten. "U werkt niet op zondag, nietwaar? Zou u het leuk vinden om naar mijn huis te komen?"

Ik kon Shāntārāms liefdevolle uitnodiging niet afwijzen. Ik zei hem dat ik zou komen en schreef het adres van de flat op waar hij verbleef.

Op zondag ging ik naar Shāntārāms huis. Het was niet moeilijk zijn Andheri appartement te vinden. Ik meende dat het Amma's wil was dat ik daarheen ging. Toen ik bij Shāntārāms flat kwam, was ik verbaasd. Er waren slechts twee kamers in de flat en een daarvan was omgebouwd tot pūjakamer. Toen ik tussen de afbeeldingen van allerlei godheden een foto van Amma die mediteerde zag, was ik verbaasd.

"Waar heeft u die foto gekregen?" vroeg ik hem.

"Daar zit een verhaal achter." Ik zag de uitdrukking op het gezicht van Shāntārām veranderen. We gingen in de pūjakamer zitten en praatten verder.

Hoewel Shāntārām een behoorlijk goede baan in een besloten vennootschap had, stond hij bekend als zanger. Zijn inkomen bestond ook voornamelijk uit opbrengsten van het zingen. Hoewel hij werk had, nam hij vaak dagen vrij voor deze optredens. Het doel van zijn leven was geld te verdienen, maar hoeveel hij ook verdiende, het was nooit genoeg. Steeds als hij wat geld verdiend had, kwam hij met zijn vrienden bijeen. Op die dagen verbraste hij al zijn geld door met zijn vrienden te drinken. Het kostte God niet veel tijd om deze man, die door zijn ego verblind was, een hard vonnis op te leggen. Het was geen straf; zoals Shāntārām later besefte, het was genade die hem redde.

Na een tijd kon Shāntārām niet meer zingen. Een hardnekkige ernstige hoest bleek een hindernis om te zingen te zijn. Toen het praten ook moeilijk werd, ging Shāntārām naar een dokter. Hij bezocht meerdere ziekenhuizen, maar niemand kon een diagnose voor het probleem stellen. Veel van de medicijnen die hij innam, deden zijn gezondheid nog verder achteruitgaan. Een *sannyāsi* zei hem dat zijn ziekte door slechte daden veroorzaakt was en dat hij dat weer goed moest maken door een pelgrimstocht te maken en aan de armen te geven. In overeenstemming met zijn advies bezocht Shāntārām veel tempels en heilige plaatsen. Hij deed ook goede dingen als eten geven aan de armen.

Na verloop van tijd kwam hij bij de Mīnākshitempel in Madurai, Tamil Nādu. Hij ging een bloemenwinkel binnen om een bloemenkrans te kopen om die in de tempel te offeren. In die winkel, vlak voor de Mīnākshitempel, zag hij een meisje snel een bloemenkrans rijgen. Naast haar stond een foto van een mediterende vrouw. Deze foto was met een bloemenkrans versierd. Shāntārām vroeg haar wie die vrouw was. De vrouw zei dat het Madurai Mīnākshi zelf was. Zelfs nadat hij teruggekeerd was naar waar hij verbleef, dacht hij nog aan die foto. Toen hij in bed lag, kon hij de slaap niet vatten. Lange tijd liep hij in zijn kamer heen en weer. Ten slotte viel hij tegen het aanbreken van de dag in slaap. Shāntārām had het gevoel dat de vrouw die hij op die foto gezien had, hem omhelsde en zijn keel liefdevol streelde. Plotseling schrok hij op. Er was een bepaalde geur in de kamer. Wonder boven wonder, de verandering in zijn stem en de hoest waarvan hij jaren last gehad had, waren helemaal verdwenen!

Hij ging voor het altaar zitten en probeerde lange tijd te zingen. Dat was helemaal geen probleem. Hij rende snel naar de bloemenwinkel. Daar zag hij het meisje een lamp voor de foto aansteken. Hij vroeg hoe ze de foto van die vrouw gekregen had. Het meisje antwoordde dat een man die een bloemenkrans was komen kopen, die haar gegeven had. Het enige wat hij gezegd had was dat het een foto van 'Amma' was. Hij wist ook niet wie deze Amma was. Shāntārām wilde die foto hebben, maar het bloemenmeisje was niet bereid die af te staan, hoewel hij erom vroeg. Sinds ze die foto had, was haar leven op zoveel manieren gezegend.

Na twee weken keerde Shāntārām naar Mumbai terug. Toen hij thuiskwam, gaf zijn vrouw hem een pakje. Een vrouw had haar dat toevertrouwd en gevraagd om het aan Shāntārām te geven. Hij maakte het pakje open. Het was de foto uit de bloemenwinkel. Hij stond versteld. Hij wilde die zo graag hebben. God had het bij hem thuis afgeleverd. Shāntārām installeerde het onmiddellijk in de pūjakamer en begon het te aanbidden.

Ik luisterde zwijgend naar Shāntārāms verhaal. Wat me verbaasde was dat het een foto van Amma was die ik genomen had. Dit verbaasde iedereen. Ik vertelde iedereen het relaas hoe moeilijk het was geweest om die foto te maken.

Er kwamen steeds meer volgelingen die aandrongen op een foto van Amma die mediteerde. Ik was toen de āshramfotograaf. Maar Amma had er een hekel aan als er een foto van haar genomen werd. Niettemin vroeg ik Amma op een dag: "Amma u moet ons een foto van u laten nemen." Amma stemde in. Ik nam veel foto's, maar toen de foto's werden ontwikkeld, was er niets. Ik voelde me vreselijk gekrenkt. Ik had gehoord dat allen die geprobeerd hadden een foto van Amma te nemen, hetzelfde resultaat geoogst hadden.

Een beroepsfotograaf uit Australië probeerde vele malen een foto van Amma te nemen. Iedere keer dat hij het probeerde, kwam de film in de camera vast te zitten. De sluiter van de camera van een andere fotograaf begaf het. Terwijl deze mensen geprobeerd hadden een foto van Amma te nemen zonder haar toestemming te vragen, had ik de foto's pas genomen nadat ik haar toestemming had gekregen. Ik maakte mijn teleurstelling aan Amma kenbaar. Uiteindelijk liet ze me een foto van haar maken terwijl ze mediteerde. De foto die ik genomen had terwijl ze mediteerde, zag Shāntārām in de bloemenwinkel (foto op pagina 157). Een vergrote kopie van die foto was in Madurai gedrukt. Shāntārām had een kopie van die foto bemachtigd. Dit alles trof Shāntārām, die er naar gesmacht had meer over Amma te weten, als een goddelijke beschikking.

* * *

Iedere dag die ik in Mumbai doorbracht, veranderde mijn kijk op het leven. De voorbijgaande dagen werden sādhana. De drang om te presteren, die duidelijk te zien was op de gezichten van de ontelbare duizenden in de metropool Mumbai, viel me op. Ik besefte dat het alleen ontevredenheid was die het gezicht van de moderne mens sierde; hij ploeterde dag en nacht en verlangde er met zijn hele hart naar iets te presteren.

Wat het leven mooi maakt is een tevreden hart. Deze tevredenheid is zeer moeilijk te bereiken. De gelukzaligheid die voortkomt uit tevredenheid met het Zelf, is de aard van mensen. Daarom dorsten mensen naar gelukzaligheid. We verrichten iedere handeling met de verwachting dat het ons gelukkig en tevreden zal maken. Maar geen enkele materiële aanwinst zal ons eeuwige tevredenheid geven. De bezitters en bezitlozen zijn even ontevreden. De ontevreden miljonairs! De misnoegde boffers! De humeurige schoonheden en bekoorlijkheden! En nog meer dan zij, de supermensen die alles wat ze wensen in het leven gekregen hebben en zich toch niet op hun gemak voelen.

Een koning hoeft niet de voldoening te krijgen die zelfs een bedelaar krijgt. Wil een koning tevreden zijn, dan moet hij opklimmen tot de status van keizer, een koning onder de koningen. Maar zelfs als hij keizer gekroond wordt, zullen de redenen voor ontevredenheid in zijn leven terugkomen. Alleen kenners van het Zelf, mahātma's als Amma, kennen de vervoering van tevredenheid in het Zelf. Ze zijn als vlinders. Vlinders zuigen honing uit bloemen, maar ze sparen het niet voor later gebruik op. Ze fladderen van bloem naar bloem en zuigen honing zonder de bloemen pijn te doen, hun schoonheid te verminken of hun geur te vernielen. Een mahātma houdt niets voor zichzelf. Zoals een vlinder accepteert ze net genoeg voor haar eigen behoeften. De aanwezigheid van verlichte mensen verhoogt de schoonheid van deze wereld. Zij bezitten de schoonheid van de hoogste kennis en complete onbaatzuchtigheid. Alleen door verzaking kan men deze schoonheid verkrijgen.

Eens zag een koning een yogi verdiept in meditatie langs de kant van de weg. Hij voelde het verlangen de yogi in zijn paleis onder te brengen. Hij vertelde zijn verlangen aan de yogi, die de uitnodiging meteen aannam. De koning was verrast. Hij had gedacht dat hij erg veel moeite zou moeten doen om de yogi over te halen. Doordat de yogi de uitnodiging erg blij geaccepteerd had, ontstond er wat wantrouwen bij de koning. Het was onmogelijk dat de yogi een mahātma was. Als hij dat wel was, was hij dan bereid geweest om te komen, aangetrokken door de geneugten van het paleisleven? Hij corrigeerde de indruk die hij had over de goddelijkheid van de yogi. Hij ging met hem terug naar het paleis, dat voorzien was van alle soorten materiële genoegens. Na veel dagen besloot de koning zijn twijfels tegenover de yogi te uiten.

Hij ging naar de yogi en zei in alle nederigheid: "Uwe heiligheid, ik dacht dat u een mahātma was, maar zodra ik u naar het paleis uitnodigde, was u bereid te komen. Dit schiep wat twijfels. Deze twijfels zijn sterker geworden. Bent u werkelijk een yogi? U leeft nu in dit paleis terwijl u alle wereldse genoegens geniet. Zo leef ik ook. Wat is dan het verschil tussen ons beiden?"

De yogi antwoordde: "Om achter het antwoord te komen moeten we het paleis verlaten. Kom met me mee!"

Dit zeggend begon de yogi te lopen. De koning volgde. Nadat ze een bepaalde afstand afgelegd hadden, zei de yogi tegen de koning: "Koning, ik keer nooit op mijn schreden terug. Daarom keer ik niet naar het paleis terug. Als u wilt, kunt u met me meekomen."

Toen de koning dit hoorde, was hij geschokt. "Hoe kan ik meegaan? Ik kan mijn verantwoordelijkheden niet opgeven enkel om met u mee te gaan."

Lachend zei de yogi: "Ja, ik weet het. U kunt niet meegaan. Dit is het verschil tussen ons tweeën. Voor mij maakt het geen verschil of ik mijn dagen in een paleis doorbreng of door deze vuile sloot loop. Ik ben altijd vrij. Niets bindt mij."

Met deze woorden liep de yogi verder. De koning besefte hoe dwaas hij was geweest. Hoewel hij de yogi probeerde over te halen terug te keren, bleef de yogi doorlopen zonder zich zelfs maar om te keren om te kijken.

God heeft ons een lichaam gegeven. Om Amma te citeren: "Dit lichaam is Gods geschenk aan ons. Het zit vol mysteries en wonderen. Wij zijn ons niet bewust van het functioneren van het lichaam. De wonderbaarlijke processen die betrokken zijn bij het in bloed veranderen van het voedsel dat we eten, vinden van binnen plaats. De machine die het lichaam is, heeft zelfgenezende eigenschappen. Wat de wetenschapper betreft, zijn de chemicaliën in het bloed een paar armzalige roepies waard. Maar een wetenschapper is niet in staat om een mens te scheppen door deze chemicaliën te combineren. Dit lichaam bestaat uit de vijf elementen: *ākāsha* (ether), *vāyu* (lucht), *agni* (vuur), *jalam* (water) and *prithvi* (aarde). Alles wat we in de uiterlijke wereld vinden, treffen we ook in ons aan. Men zou kunnen zeggen dat ieder van ons een microkosmos van het universum is. Daarom konden de rishi's kennis over de materiële wereld verkrijgen door introspectie. Hoewel dit lichaam van onschatbare waarde is, wordt het later de oorzaak van onnoemelijke pijn en lijden die ons treffen als we leven zonder te weten hoe we het lichaam, de geest en het intellect moeten gebruiken. Dit lichaam is het instrument om Godsrealisatie te bereiken."

We moeten in ons leven bepaalde disciplines in acht nemen. We moeten proberen het lichaam te zuiveren. We zijn ook verplicht de gezondheid ervan in stand te houden. Het is een instrument om goede daden mee te doen. Het lichaam wordt ziek, wanneer we het slecht behandelen. Persoonlijke leefregels zijn nodig om de geest te zuiveren. We moeten vooral de tong beheersen. Onze woorden moeten aangenaam zijn. We moeten de tong de gelegenheid geven de glorie van de Heer te bezingen. We mogen nooit iets doelloos zeggen. Ieder woord dat van onze lippen komt, moeten anderen tot troost strekken. We hebben de hulp van het lichaam nodig om het niveau van ervaring te overschrijden naar het niveau van begrip.

Een wetenschapper deed eens een experiment. Hij deelde een glazen bak in tweeën met een glazen scheidingswand. In de ene helft stopte hij een grote vis. In de andere een kleine vis waarop de grote vis gewoonlijk jaagde. De grote vis probeerde heel vaak de kleine te vangen, maar iedere keer botste hij hard tegen de glazen scheiding. Dit moet hem behoorlijk pijn gedaan hebben, want later gaf hij zijn pogingen op om de kleine vis te vangen. Zelfs toen de glazen wand verwijderd was, probeerde de grote vis niet eens te gaan in de richting waar de kleine vis zich bevond. Hij beeldde zich in dat er nog steeds een doorzichtige scheiding was. Het had een paar lessen uit ervaring geleerd. Het was niet gemakkelijk deze lessen af te leren.

Hetzelfde is met mensen het geval. De ervaringen die mensen in de wereld opgedaan hebben, zijn even onwaar als de ervaring van de man die een touw voor een slang aanziet. Zij die leven en te veel belang hechten aan de ervaringen in de wereld, kunnen de transparante sluier nooit verscheuren en hun ware aard zien. Ze zijn niet dapper genoeg. Spiritualiteit is alleen voor de dapperen. Alleen de onversaagden kunnen oversteken naar het andere gebied. Het door het ego gedreven leven moet hiervoor worden opgegeven.

De Mens in het Tijd-
perk van Machines

24

"Zoon, dit is het tijdperk van machines." Amma's woorden schoten me te binnen.

De mens is als een machine geworden. Machines verrichten beter werk dan mensen. Op het gebied van de moderne geneeskunde kunnen robots zelfs operaties verrichten. Maar machines kunnen niet liefhebben. Ze kunnen de pijn van anderen niet begrijpen.

In het snelle leven van Mumbai werken de mensen als machines. Mensen zijn mechanisch geworden. Iedereen denkt alleen maar aan zijn eigen zaken. Ik zag mensen een man voorbijlopen die door vermoeidheid op het trottoir ingestort was. Ze deden alsof ze hem niet zagen. Sommigen keurden hem één blik waardig, voordat ze doorliepen. Men vindt dat het menselijke leven geen waarde heeft. Dit zou in een dorp nooit gebeuren. Als men aan de kant van de weg zou vallen, zou er snel iemand te hulp komen. Ik ging naar de man toe. Hij ademde nauwelijks. Hij gebaarde om wat water en ik goot wat in zijn mond.

Toen ik die man zag, herinnerde ik me Amma's woorden: "Je moet sympathie voor je medemensen voelen. Compassie voor de arme en lijdende mensen is onze plicht tegenover God. Mis nooit de kans om goede daden te doen. De mensen die pijn lijden troosten is niets anders dan aanbidding van de Heer."

Toen de man klaar was met water drinken, begon hij te praten. Toen ik hoorde dat hij dagenlang niet gegeten had, kocht ik

185

bij een restaurant in de buurt wat voedsel en gaf het hem. Toen ik de oude man verliet, kon de fonkeling in zijn ogen me niet ontgaan. Ik voelde Amma's liefdevolle compassie uit die ogen stromen. "Voldoening zit niet in nemen, maar in geven," echoden Amma's woorden in mijn geest.

Ik realiseerde me dat alles wat ik als zinloos beschouwd had, wel duizenden betekenissen had. Het leven moet zinvol zijn. Dit is niet mogelijk voor hen die alleen voor zichzelf leven. Wat kunnen we anders doen dan iedereen liefhebben en respecteren, als we beseffen dat Amma alomtegenwoordig is? Ik heb opgemerkt dat zelfs degenen die egoïstisch zijn, hun houding veranderen als we ons anderen als Amma voorstellen.

Zelfs nadat ik van mijn werk naar huis was teruggekeerd, kon ik het beeld van de oude man die aan de kant van de weg lag, niet vergeten. Ik zag zijn uitgemergelde lichaam weer voor me. De scène waarin hij met zijn uitgeholde ogen om water bedelde, bleef in me opkomen. Er zijn er zoveel in deze wereld die doorgaan in het leven terwijl ze zulke moeilijkheden doorstaan. Er lijden er zoveel zonder de middelen te hebben voor één maaltijd per dag. Toen ik over dit alles nadacht, had ik geen zin om die avond iets te eten. Ik besloot een gelofte van een paar dagen vasten te houden.

Iedereen heeft zijn problemen, problemen in overvloed. Waar is dan de tijd om naar de ellende van iemand anders te luisteren? Toen ik 's avonds in stilte zat en in meditatie verdiept was, ervoer ik dat Amma dichtbij kwam en me liefkoosde. "Waar liefde is, is geen afstand." Amma's woorden kwamen letterlijk uit en naar haar slaaplied luisterend viel ik flauw. De pijn van de scheiding werd een goddelijke ervaring.

Het vasten zou de volgende dag beginnen, maar op de eerste dag moest ik het al opgeven. Het zou juister zijn om te zeggen dat Amma me mijn vasten deed opgeven. Ze werkte door iemand die Bālakrishnan heette en op mijn kantoor werkte. Bālakrishnan kwam uit Pālakkād, maar hij woonde al vele jaren in Mumbai. Hoewel hij ongeveer zeventig jaar was, werkte hij met meer ijver dan jonge mensen. Zijn grappen verlichtten de eentonigheid van het kantoorwerk. Ik vertelde hem vaak verhalen over Amma, maar Bālakrishnan die uit de Tamil brahmanengemeenschap kwam, had niet veel belangstelling voor Amma, die uit de visserskaste kwam. Ik zat echter in een fase dat ik niet op kon houden met praten over Amma. Als ik iets te zeggen had, was het alleen over Amma. Ik vertelde verhalen over Amma zonder erop te letten of Bālakrishnan ze waardeerde of niet. Hoewel hij aandachtig naar deze verhalen luisterde, had hij er geen vertrouwen in.

Op die dag kwam Bālakrishnan met twee pakjes rijst. Hij kwam recht op me af en vroeg: "Heb je besloten niets te eten?"

Zijn vraag verraste me. Ik had niemand verteld over mijn gelofte om te vasten. Hoe wist hij dat?

"Ben je aan het vasten?"

Toen ik de vraag opnieuw hoorde, werd ik uit mijn mijmeringen opgewekt. "Ja," antwoordde ik. Ik zag dat hij verbaasd keek.

Bālakrishnan vertelde me toen over een droom die hij de vorige nacht had gehad. Hij had Amma uit Vallickāvu in zijn droom gezien. Mahātma's zelfs maar in een droom zien is een grote zegen. En dit was geen gewone droom, het was een *svapna darshan*, een goddelijk bezoek in een droom. In die droom had Amma Bālakrishnan niet alleen geïnformeerd over mijn voornemen om te vasten, maar hem ook opgedragen erop aan te dringen dat ik zou eten. Echt, het is Amma die alles voor elkaar krijgt!

Omdat het voedsel dat Bālakrishnan had meegenomen in overeenstemming met Amma's wens was, moest ik wel eten. Op deze manier vestigde Amma zich blijvend in Bālakrishnans hart.

Hij begon er serieus naar te verlangen Amma te ontmoeten. Ik had hem eerder de foto van Amma die ik had, laten zien. Zo wist Bālakrishnan dat de vorm die hij in de droom gezien had, inderdaad Amma was. Daarna kreeg hij meer belangstelling voor het luisteren naar verhalen over Amma.

Pas later hoorde ik dat er meer achter het leven van Bālakrishnan zat, die altijd grappen maakte. Er was ook een andere kant, een verdrietige kant. Hij had zowel zijn gezondheid als zijn rijkdom verloren en moest de last van het gezin zelfs op die hoge leeftijd dragen. Dat Amma zijn hart binnenkwam werd een grote zegen. Bālakrishnan, van wie ik dacht dat hij een ongelovige was, ontwikkelde veel bhakti voor Amma. Hij gaf al zijn problemen aan Amma over. Daarna werd hij met zijn kinderen herenigd, die hem na een ruzie verlaten hadden. Ik zag dat hij zich verheugde over de hereniging met zijn vervreemde familieleden.

Waarom moeten mensen zoveel lijden? Wanneer zal al dit lijden ophouden? Als we tijdens deze miserabele reis door het leven gezegend worden met de darshan van mahātma's, zullen al onze problemen voorbij zijn. De Guru wacht erop om de last van onze zonden op zijn schouders te nemen. God probeert, door de vorm van de Guru, ons op te trekken uit de afgrond van het verdriet van het leven.

Verdriet is onecht. We lijden omdat we verlangen. Niemand lijdt graag. Iedereen wil vrij van lijden zijn. En toch blijven we verlangen en dus neemt ons verdriet toe. Als we de eigenaardigheden van de geest kunnen begrijpen, kunnen we het lijden elimineren. De geest hunkert voortdurend. Hij bestaat uit eindeloze ontevredenheid. Niets kan hem voldoening geven. Zelfs als hij krijgt wat hij wil, blijft hij onvoldaan. Hoewel het verlangen naar een voorwerp afneemt als men het verkregen heeft, komt er een nieuw verlangen in plaats daarvan op. Mahātma's vertellen de wereld: "Mensen lijden omdat ze verlangens hebben. Verlangens zijn de kiem van lijden. Als ze verdwenen zijn, kan men gelukzaligheid ervaren."

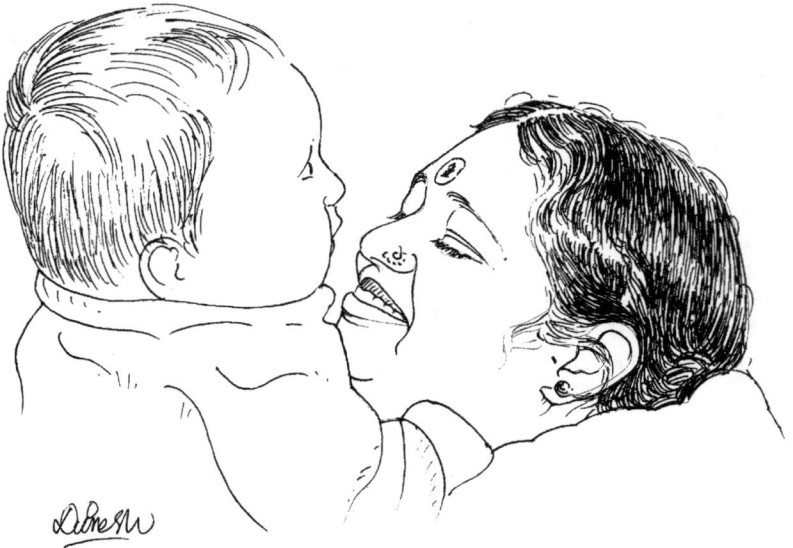

Weer aan Amma's zij

25

Hoewel de mensen vandaag de dag door materiële welvaart omringd zijn, dwalen ze her en der rond en weten niet wat tevredenheid inhoudt. Zuivere eigenschappen verdwijnen snel bij de mensen. In de levensreis naar tevredenheid zijn de mensen gedoemd als dieren te sterven en kunnen zelfs niet één keer vrede ervaren. Wat doen mensen wat vogels en dieren niet doen? De nesten die vogels bouwen zijn mooier dan de imposante villa's die de mensen neerzetten. Bijen bouwen hun korven gebaseerd op precieze mathematische formules met een snelheid die zelfs deskundige ingenieurs verbaast. De natuur heeft zijn eigen vliegtuig al uitgebracht lang voordat de mensen vliegtuigen bouwden. We hebben onze vliegtuigen ontworpen naar het voorbeeld van vogels en vlinders.

De rishi's hadden alles al in het innerlijke Zelf ontdekt en hadden het hele universum in zichzelf ervaren. Hoewel ze alwetend waren, leefden ze alsof ze onwetend waren. Zolang we in de wereld van de dualiteit verblijven, lijkt het leven vol verdriet. Mahātma's als Amma geven ons een training die ons in staat stelt om zelfs in deze wereld van tegenstellingen Eenheid te zien.

In de drukte van het snelle leven in Mumbai ontmoette ik een andere zoon van Amma, die haar darshan al vaak ontvangen had. Dāmu, die in het Bhābha Research Center werkte, kwam van tijd tot tijd naar het Sāndīpani Sādhanālaya Hij was een jongere wetenschapper en hij woonde regelmatig *Bhagavad Gita* lezingen en andere satsangs bij. Tijdens mijn verblijf in Mumbai was Dāmu's aanwezigheid een grote troost. Ik had vaak de mogelijkheid om mijn hart te openen en over Amma te praten. Dāmu nam nooit de moeite zich netjes te kleden of er goed uit te zijn. Hij at maar een keer per dag en leidde een leven van uiterste verzaking. Op door de maan verlichte nachten wandelden we over verlaten weggetjes en spraken over Amma. Vaak waren we ons er niet bewust van hoelang we gelopen hadden. Er waren dagen dat we tot de dageraad liepen. We moesten dan de trein terug nemen naar de plaats vanwaar we vertrokken waren.

Er waren zeven maanden voorbijgegaan sinds ik in Mumbai was aangekomen. Hoe meer ik Amma's grootheid waardeerde, des te moeilijker werd het van haar weg te blijven. Ik besloot mijn baan op te geven en naar Vallickāvu terug te keren. Ik schreef vaak naar Amma. Ten slotte gaf ze me toestemming om terug te keren. En dus nam ik afscheid van mijn leven in Mumbai en keerde naar huis terug. Dāmu moest veel langer in Mumbai blijven werken. Uiteindelijk werd hij ook āshrambewoner. Dāmu werd later Swami Prajñānamritānanda Puri.

In de maanden dat ik weg was, hadden er in de āshram veel veranderingen plaatsgevonden. Amma had de naam 'Mātā Amritānandamayi Devi' (Goddelijke Moeder van Onsterfelijke Gelukzaligheid) geaccepteerd, die haar kinderen haar gegeven hadden. Er was een trust geregistreerd die 'Mata Amritānandamayi Mission Trust' heette en die ook Amma's getrouwde volgelingen omvatte. Deze trust werd later de Mātā Amritānandamayi Math. In overeenstemming met Amma's wens werd ik tot algemeen secretaris van de math benoemd. Er waren een paar nieuwe hutten bij gekomen naast die waarin Amma verbleef. De eerste āshrambewoners hadden zelfs niet één hut om in te wonen. Amma zelf leerde ons hoe we de bladeren van de kokospalm moesten vlechten om een hut te bouwen en hoe we een dak moesten bedekken. Ik besefte later dat het een onderdeel van de training was om ons erop voor te bereiden alles te doen zonder op anderen te vertrouwen. Als er volgelingen naar de āshram kwamen, moesten we de hutten voor hen ontruimen. Volgelingen uit allerlei plaatsen kwamen op de bhāva darshan dagen naar de āshram. Als we het voedsel voor hen opgediend hadden, was er niets over. Amma zelf ging naar de naburige huizen en bracht wat voedsel voor ons mee. In de verfrissende koelte van Amma's liefde werd het āshramleven bekoorlijk.

Mijn familie had er geen bezwaar tegen dat ik mijn baan in Mumbai opgaf en terugkeerde. Amma zond me eens per maand naar mijn pūrvāshram. Toen ik daar op een keer was, merkte mijn vader op dat de *mundu*[24] die ik droeg, op veel plaatsen versteld was. Hij zei dat ik geen gescheurde mundu moest dragen en gaf me een nieuwe. Ik keerde met de nieuwe mundu naar de āshram terug. Toen ik met Amma in haar kamer stond te praten, merkte ik niet op dat de zoom van mijn mundu tegen brandende wierookstokjes op de grond wreef. Toen Amma zag dat mijn mundu in brand stond, sloeg ze met haar blote handen de vlammen uit. Toen ze de nieuwe mundu zag, vroeg ze: "Zoon, waar heb je deze nieuwe mundu gekregen?"

Ik legde haar uit wat er gebeurd was toen ik thuis was.

"Zoon, heb je geen andere mundu?" Toen ik Amma's vraag hoorde, schudde ik mijn hoofd van nee. Amma zweeg een tijdje. "Hoort alles hier niet te komen wat mijn kinderen die alles opgeven, nodig hebben? Mijn kinderen hoeven nooit naar iets op zoek te gaan. God zal alles verschaffen wat je nodig hebt. Zoon, doorzoek je kamer grondig."

Toen ik Amma's woorden hoorde, herinnerde ik me iets. Er lag al vele dagen een in papier verpakt pakje in mijn kamer. Ik

---

[24] Een doek die om het middel geknoopt wordt en de onderste helft van het lichaam bedekt.

dacht dat een volgeling het daar achtergelaten had en vergeten had het mee te nemen. Ik vertelde Amma van het pakje. Ze zei me dat ik het snel moest pakken. Ik kwam met het pakje terug en gaf het aan haar. Ze maakte het open. Er zaten twee nieuwe mundus in. Amma keek me aan. "Heeft Amma je niet gezegd dat God verschaft wat nodig is?"

De beweringen die mahātma's doen, komen uit. Ieder woord van Amma wordt een waarheid die ervaren kan worden. Alles wat we morgen nodig hebben, zal vandaag komen. De lessen die volgden leerden mij dat. Ik heb nooit naar iets op zoek hoeven gaan. Als we ons leven eenmaal aan God overgegeven hebben, hoeven we nooit te twijfelen. De gedachte dat we veilig zijn in haar handen, zal ons kracht en enthousiasme geven.

Amma is werkelijk een stroom van goddelijke wijsheid. Hoeveel we ook over haar te weten komen, ze blijft een onmetelijke oceaan van kennis. Het kan zijn dat we Amma niet begrijpen als we haar gezien hebben, naar haar toe gegaan zijn of bij haar verbleven hebben. Omdat God buiten het bevattingsvermogen van ons intellect ligt, zijn de conclusies die onze geest trekt, waarschijnlijk dwaas. Arjuna leefde vele jaren met Heer Krishna. Hij behandelde de Heer als vriend. Heer Krishna speelde ook mee met alle grappen van Arjuna. De Heer was toen niet bereid om goddelijke wijsheid aan Arjuna verlenen. Maar toen Arjuna tijdens de Kurukshetra-slag bereid was zijn ego helemaal over te geven, deed de Heer Zijn schatkist van wijsheid open. Wanneer men zijn hulpeloosheid beseft, ontstaat de houding van overgave. De Guru laat ons ego wegslijten.

De patiënt kan denken dat de dokter die de wond schoonmaakt genadeloos is. Maar de dokter heeft geen keus als hij een infectie wil verwijderen die zich door het hele lichaam kan verspreiden. Wanneer het omhulsel van het ego opengebroken wordt, kan de leerling wat pijn voelen. Dezelfde leerling die tot dan toe de lof van de Guru gezongen heeft, kan de Guru zelfs beledigen. Misschien verlaat hij de Guru zelfs en ploetert opnieuw in de wereld van *tamas* (traagheid). Zoals de ziel van de overledene die niet genoeg verdienste heeft verzameld, komt hij opnieuw onder een regen van vervloekingen van de natuur en brandt in het hellevuur.

Alleen uit compassie komt God in ons midden in de vorm van de Guru. Amma is geïncarneerd als de belichaming van opoffering. Ze is bereid de hele zondelast van de wereld te ondergaan en op zich te nemen. Ze pijnigt haar eigen lichaam, brandt zichzelf op en verspreidt zo de geur van liefde. Voor degenen die die geur ingeademd hebben, is God geen abstract idee meer, maar een directe ervaring.

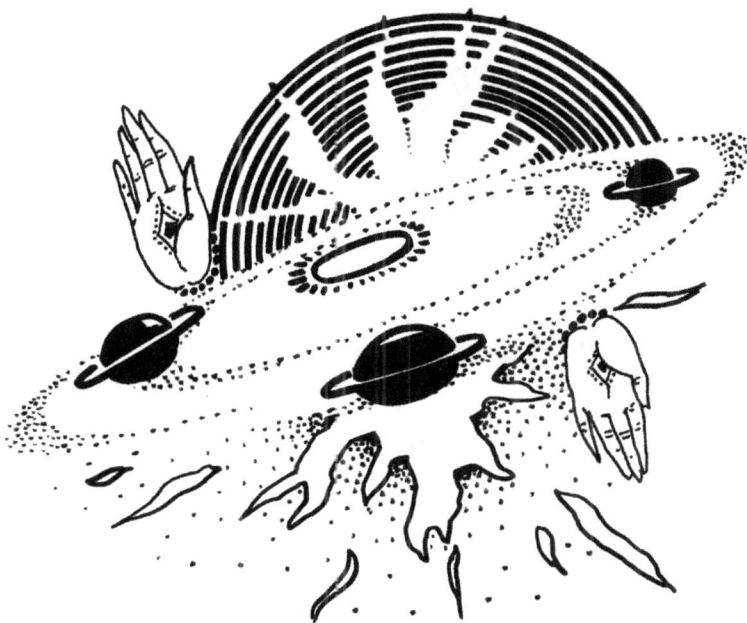

De Goddelijke
Bhāva's in ons

26

In *Satya Yuga* (het tijdperk van de Waarheid) waren tempels niet nodig. Mensen hadden absoluut vertrouwen in Gurus, die verlicht waren. Het hart van de mensen was zo zuiver als een tempelaltaar. Daarom konden zij de schitterende Heer altijd in zich zien en voelen.

Zij die met de overtuiging leefden dat de goddelijke kracht in hen werkte, kwamen niet onder de ban van het ego, maar bereikten eenheid met het Paramātma.

Steeds als goddelijke incarnaties hun lila's onder de mensen opvoerden, waren er veel ongelovigen. Weinigen hadden totaal geloof. Hoeveel gloriedaden we ook zien, als onze geest niet zuiver is, richt hij muren van twijfel op. Hoeveel iemand ook van ons houdt, als we vaak genoeg luisteren naar iemand die onze geliefde bekritiseert, beginnen we te twijfelen. Hoe kunnen mensen met zo'n onbestendige aard ooit God kennen?

Onze rishi's hadden dit voorzien. Zij beseften dat mensen het in de toekomst niet gemakkelijk zouden vinden om het goddelijke in zichzelf te zien of zich volledig aan mahātma's over te geven. Ze brachten hun goddelijke bewustzijn op godenbeelden over. De tempels die zo door mahātma's werden ingewijd, werden in de loop der tijd heilige plaatsen van aanbidding.

Men zegt dat de 330 miljoen godheden in ieder van ons bestaan. Ieder van ons is erfgenaam van ontelbare goddelijke bhāva's. Dit menselijk leven is ons gegeven opdat we de goddelijke deugden in ons kunnen versterken en Volheid bereiken. In mahātma's kunnen we alle kenmerken van God duidelijk zien. De gezegende mensen die mahātma's aanbidden en hun toevlucht tot hen zoeken om vervulling in hun leven te vinden, kunnen in betrekkelijk weinig mensenjaren bevrijd worden van de boeien van karma en de cyclus van geboorte en dood. Wanneer ze de ervaring van gelukzaligheid gehad hebben, verkrijgen ze onsterfelijkheid.

Ik word aan een voorval herinnerd dat vele jaren geleden in de āshram plaatsvond. Er werd in een tempel niet ver van de āshram een festival gehouden. Als onderdeel van de riten werd het godsbeeld in de tempel naar buiten gebracht voor het festival begon, en in een processie naar de huizen in het dorp gedragen. De dorpelingen geloofden dat God hun huis bezocht. De priester droeg het godsbeeld waarin de godheid opgeroepen was op zijn hoofd en bezocht ieder huis. De dorpelingen verwelkomden de godheid met gepaste devotie en eerbied. Ze leidden hem het huis binnen met een pot vol ongekookte rijst, een olielamp en andere gunstige offergaven en geschenken. Een groep ceremoniële trommelaars vergezelde het beeld naar het huis naast de āshram. Ze gingen de āshram niet binnen. Devi Bhāva was toen aan de gang. Toegewijden die naast Amma zaten, vroegen: "Amma, dit is de enige plaats die ze niet bezocht hebben. Kunt u ze niet hier laten komen?"

Amma glimlachte alleen. Na een tijdje hoorden de toegewijden het geluid van de trommels luider en luider worden. Het leek erop alsof het geluid dichterbij kwam. Weldra zagen de volgelingen een verbazingwekkend schouwspel. De man die het beeld droeg begon te dansen alsof hij in trance was en stormde de āshram in. De trommelaars volgden hem en de dorpelingen volgden de trommelaars. Nadat de priester het godsbeeld op de grond gezet had, kwam hij weer tot bezinning. Onmiddellijk pakte hij het beeld op, zette het op zijn hoofd en liep weg. Iedereen merkte op dat Amma haar ogen een tijdje sloot.

Na korte tijd begon de priester weer uitbundig te dansen, rende de āshram in en zette daar het beeld neer. Toen hij weer bij zijn positieven gekomen was, pakte hij het beeld op en liep weg, zoals hij de laatste keer gedaan had. Amma sloot opnieuw haar ogen. De man kwam opnieuw terug en danste in trance. Dit verschijnsel herhaalde zich acht keer. Ten slotte was de man helemaal afgemat. Hij plaatste het godenbeeld voor de kalari en verscheen voor Amma die Devi Bhāva darshan gaf. Hij stak zijn hand uit om wat *tīrtham* (geheiligd water) te krijgen. Amma gaf hem wat tīrtham en trok hem met veel affectie in haar armen. Nadat hij vol berouw voor Amma geknield had, nam hij het beeld op en liep weg.

De toegewijden stonden dit alles hoogst verbaasd gade te slaan. Sommigen begrepen niet wat er zojuist gebeurd was. Hoe kwam het dat de priester zijn dans in trance begon steeds als Amma haar ogen sloot? Toen Amma hun vraag hoorde, glimlachte ze weer. Alles is in Amma. De verschillende aspecten van de godheid bevinden zich in ons, maar we hebben er geen controle over. Maar alle godheden zijn dienstbaar aan de kenners van de Waarheid, die ieder goddelijke bhāva kunnen manifesteren of bedwingen. Voor hen die weten dat de 330 miljoen goddelijke bhāva's in hen bestaan, is het niet moeilijk om die bhāva's op te wekken of te beteugelen. Toegewijden kunnen zien dat Amma tijdens Devi Bhāva de goddelijke bhāva's van Jagadambika, de Goddelijke Moeder van het Universum, manifesteert.

We moeten afkomen van de duivelse neigingen in ons. Om dat te doen moeten we positieve eigenschappen ontwikkelen. Als goddelijke eigenschappen toenemen, wordt God in ons meer manifest. Als duivelse neigingen verdwijnen, krijgen we voldoende zuiverheid om het hele pantheon van godheden in ons te zien. Om deze zuiverheid te ontwikkelen aanbidden we God.

Men zegt dat onze geest als een sleutel is. Als we hem de ene kant opdraaien, sluiten we het slot, als we hem de andere kant opdraaien, openen we het slot. Op dezelfde manier kan onze geest er de oorzaak van zijn dat we in samsāra verstrikt raken. Maar ook kunnen we hem gebruiken om ons van alle bindingen te bevrijden. De geest moet met edele gedachten gevuld worden. Om dat te doen herinnert Amma ons eraan dat we moeten leven terwijl we aan God denken, maar de meeste mensen gebruiken hun verbeeldingskracht op de verkeerde manier.

God is als de zon die de hele tijd licht verspreidt. Hij geeft licht en kracht, aan iedereen evenveel. Zij die zich in het duister opsluiten, zullen geen zonlicht krijgen. Zo stort God ook constant zegeningen over ons uit. De sluiers van het ego voorkomen dat de genade ons bereikt. Om deze sluiers te verwijderen is de Guru noodzakelijk. Dit kunnen we van Amma's leven leren. Er is geen hoofd dat zich niet voor haar liefde gebogen heeft. Er is geen hart, dat voor haar zelfopoffering niet gesmolten is. In het licht van Amma's wijsheid wordt de duisternis die door het ego gecreëerd is, verdreven. Daden die zonder ego gedaan worden, worden een aanbidding van de Heer.

Er was eens een dief die iedere nacht inbrak in de kokosaanplant naast een huis en kokosnoten stal. Na de diefstal wierp hij een kokosnoot in een offervuur en bood het vroom als boetedoening aan Heer Ganapati aan. Hij accepteerde dan de gebakken kokosnoot als prasād van de Heer, at het op en vertrok. Dit deed hij regelmatig. Na een tijdje werd de dief ziek. Als gevolg kon hij niet langer in kokospalmen klimmen. Niettemin ging hij iedere nacht naar de plaats waar hij Heer Ganapati een kokosnoot placht te offeren. Hij probeerde zichzelf te troosten met de gedachte dat zijn ziekte een straf was voor het stelen. Iedere dag bad hij tot de Heer om hem al zijn zonden te vergeven. Zijn echte verdriet was dat hij de Heer niets meer aan kon bieden. Een keer om middernacht verscheen Heer Ganapati voor de dief die in de kokosaanplant wegkwijnde. Binnen een mum was hij van zijn ziekte bevrijd. Als bewijs van de verschijning van de Heer verscheen er een Ganeshbeeld op die plek. Toegewijden bouwden daar een tempel. Er werden daar tienduizenden kokosnoten geofferd. Ontelbare mensen vonden er troost. Die tempel werd een centrum waar duizenden mensen vervulling van hun verlangens vonden. Goddelijke kracht werk zodanig dat zelfs het onschuldige verlangen van een dief vervuld wordt.

God is bereid ons alles te geven wanneer we ons aan Hem overgeven. Hij komt niet naar ons toe gerend nadat Hij onze levensgeschiedenis in aanmerking genomen heeft. Wanneer de ogen nat worden door aan de Heer te denken, stroomt een stortvloed van zegeningen vanzelf over ons heen.

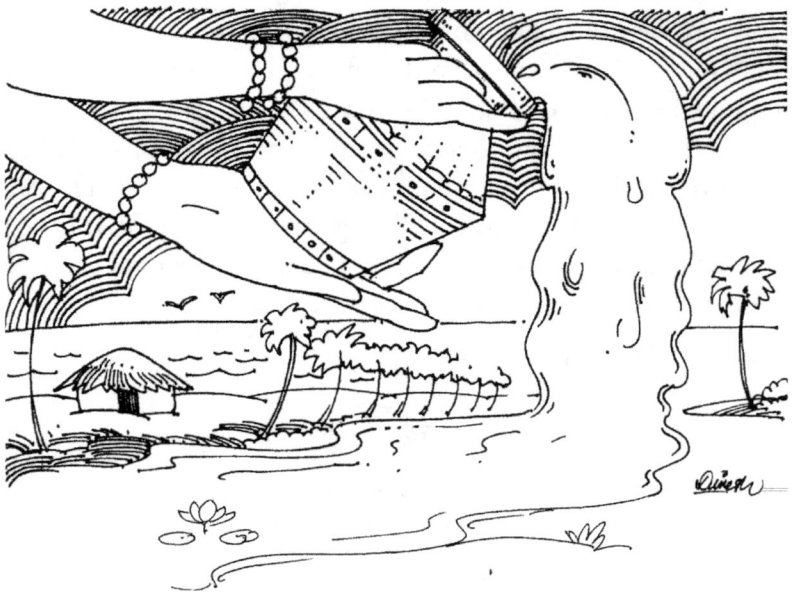

Annapurneshwari

27

Het is de menselijke aard om kennis te vergaren. Per slot van rekening is het leven een reis naar Volheid en het gevoel dat men onvolledig is, is de oorzaak van lijden in het werelds leven. Omdat alwetendheid de ware aard van mensen is, is er een verlangen in ieder van ons om alles te weten. We hebben niet alleen belangstelling voor onze eigen zaken, maar ook voor die van anderen en de wereld. We streven ernaar al deze zaken te leren, maar geen enkele intellectuele inspanning kan onze dorst naar kennis ooit lessen. Het is als de honger van Ganesha. Zelfs nadat hij het hele universum opgeslokt had, had hij nog honger. Maar zijn honger ging over toen hij een handvol gepofte rijst van Parameshvara kreeg. Alleen een Satguru kan de dorst naar wijsheid lessen. Bij een leerling die zijn hele leven naar de Waarheid gezocht had, fluisterde de Guru in het oor: "*Tat tvam asi*" – Kind, jij bent die Waarheid!

De uitingen van de Guru leiden de leerling, die geleerde boeken verslonden kan hebben, naar het onverwoordbare rijk van ervaring. Dit brengt op zijn beurt de dageraad van de wijsheid voort.

Waarheid geeft ware kennis. Waarheid schept schoonheid in ons. Waarheid is Shiva. 'Shiva' betekent de Onvergankelijke. Alles wat onvergankelijk is, is luisterrijk. In de schittering van het stralende zielenbewustzijn wordt alles prachtig. Mensen die op zoek zijn naar geluk, wenden zich gewoonlijk tot vergankelijke objecten. We beseffen achteraf dat alle vergankelijke objecten een bron van verdriet zijn. Zij die er in hun leven naar streven zich vergankelijke objecten eigen te maken, zullen het later betreuren. Omarm daarom het Onvergankelijke. Zorg voor schoonheid van de ziel! Gebruik het lichaam en de geest voor dit doel. De dood grist alle verworvenheden weg. Streef daarom naar onsterfelijkheid. Transcendeer de tijd. Neem je toevlucht tot Heer Yama, die de tijd overwint. Geef je over aan de glorieuze Guru die de kracht heeft om je gevoel van individualiteit te verbranden in het vuur van kennis. Dit is de boodschap van mahātma's.

Een voorval dat jaren geleden bij de viering van Amma's verjaardag plaatsvond, schiet me te binnen. Bij de inauguratie van de verjaardagsviering werd er een lamp aangestoken op de veranda van de kalari, waar Amma gewoonlijk bhāva darshans gaf. Na de pada pūja voor Amma begonnen de bhajans. Terwijl de toegewijden in de bhajans geabsorbeerd zaten, liep er een man snel door de menigte naar Amma. Omdat Amma haar ogen dicht had. leek ze hem niet op te merken. De toegewijden leken hem ook niet opgemerkt te hebben. Alle ogen waren op Amma gericht. Zodra de bhajan afgelopen was, fluisterde de man iets in Amma's oor. Aan zijn gelaatsuitdrukking kon men zien dat de zaak serieus was. Amma liefkoosde de man en troostte hem. Niemand begreep wat er aan de hand was. Toen de bhajans voorbij waren, deelde Amma aan alle toegewijden prasād uit en liep toen naar de keuken. Sommigen van ons volgden haar. Toen we in de keuken kwamen, realiseerden we wat er gebeurd was. De kok was er niet! Hoewel er die dag drieduizend volgelingen naar de ashram gekomen waren, was er een traditioneel feestmaal voor slechts vijfhonderd mensen klaargemaakt. Niemand had verwacht dat er zoveel mensen zouden komen.

Het eten was klaargemaakt op basis van het aantal mensen dat die ochtend is de ashram was. Er waren ook geen levensmiddelen voor meer mensen ingekocht. De kok, die geen oplossing voor de situatie zag, had het toneel ontvlucht. Amma troostte de wanhopige mensen in de keuken en nam de taak van het serveren van het eten op zich.

De toegewijden gingen in rijen in de schuur van kokosbladeren zitten naast het bouwsel waar Vedantacursussen werden gegeven. Mensen die in de nabijgelegen kustgebieden woonden, waren met potten gekomen om voedsel mee naar huis te nemen. Zo gaat dat in dorpen. Als er ergens een feest is, wordt er voedsel gestuurd naar de huizen van degenen die niet aanwezig kunnen zijn. Amma begon te serveren. Toen de mensen in de keuken zagen hoe ze serveerde, werden ze verontrust. Wij hadden gedacht dat Amma minder eten zou serveren, zodat iedereen wat kreeg. Maar ze boorde onze verwachting de grond in door volle opscheplepels te serveren. Hoe moest je haar vertellen minder te serveren? Zelfs als we dat deden, zou ze niet gehoorzamen. Ze heeft nooit bekendgestaan om haar gehoorzaamheid, ook niet in het verleden. *Trikāla jñani's* (Verlichte mensen die het verleden, het heden en de toekomst kennen) hebben van niemand advies nodig. Niettemin hebben sommigen van ons af en toe geprobeerd haar advies te geven.

Ik heb Amma vele malen gezegd: "Ook God moet af en toe gehoorzamen." Ik had redenen om dat te zeggen. Als men haar zegt te rusten, rust ze niet. Als men haar zegt te eten, eet ze niet. Wanneer het tijd is om te slapen, gaat ze niet slapen. Als ik zag dat Amma haar lichaam de hele tijd zo opofferde, wenste ik vaak dat Amma even gehoorzaam was als de goden in de tempel. In een tempel kan men de godheid heilig voedsel aanbieden. Men kan hem in slaap brengen. 's Avonds kan de priester de tempel afsluiten en naar huis gaan. Hier kan men dat niet doen. De reden is dat de God hier het huis niet eens binnengaat. Ze zit op de grond voor de kalari te mediteren. Ze geeft op die plaats darshan. Er was een kleine hut voor Amma gebouwd. Er was ook een gebouw van twee verdiepingen voltooid met het plan de kamer beneden als meditatiekamer te gebruiken en de kamer boven als Amma's kamer. Maar wat konden we doen als Amma liever op de grond lag? Als gevolg daarvan hadden wij ook het geluk om te leren hoe leuk het was om buiten op de grond te slapen.

In mijn jeugd verlangde ik ernaar om nat te worden in de regen, maar mijn ouders stonden dat niet toe. Ik zou koorts krijgen, zeiden ze. Ik veronderstel dat ze gelijk hadden. Zij die er niet aan gewend zijn om in de regen nat te worden, zullen ziek worden. Bosbewoners die in de open lucht wonen en zowel aan de zon als de regen blootgesteld worden, krijgen nooit koorts. Ik heb Amma in gelukzaligheid zien dansen in de stromende regen. Het plezier om doornat van de regen te worden kan alleen door ervaring gekend worden, nietwaar? Sindsdien heb ik tijdens hevige regenbuien nooit zin gehad om binnen te blijven. Ik wachtte op iedere gelegenheid om bij zware regen naar buiten te stappen om de *abhishekam* (ceremonieel bad) van de natuur te ontvangen. Amma leerde ons om van extreme hitte, zware regen en intense kou te genieten.

Sommige getrouwde volgelingen die verontrust waren over de manier waarop Amma voedsel serveerde, suggereerden: "Liefste Amma, als u nu eens wat minder serveerde?"

Amma sloeg geen acht op wat ze zeiden. Een grootvader uit het dorp mompelde: "Het heeft geen zin haar iets te vertellen. Ze heeft altijd de gewoonte gehad royaal te geven."

Amma ging door met serveren. De potten met eten raakten leeg. Amma serveerde snel.

"Als de Kleine serveert, zal er niemand gebrek lijden," zei Damayanti-amma (Amma's moeder) resoluut. Zo sterk was haar vertrouwen. Damayanti-amma, die het uitzonderlijke geluk heeft gehad om Amma's moeder te zijn, heeft zoveel wonderbaarlijke lila's gezien. De mensen die met ingehouden adem toegekeken hadden hoe Amma serveerde, voelden zich opgelucht en gerustgesteld toen ze deze woorden hoorden. Amma serveerde voedsel op het laatste bananenblad. Wonder boven wonder, zelfs toen er voor meer dan drieduizend mensen voedsel geserveerd was, waren er nog rijst en groenten in de potten over! Amma antwoordde met een lieve glimlach naar degenen onder ons die verbouwereerd naar Amma's gezicht staarden.

"Kinderen, kan liefde gemeten en in getallen uitgedrukt worden? Liefde kan nooit uitgeput raken. Alles wat opraakt kan ook geen liefde zijn. Het is de liefde van de kinderen hier die hard gewerkt hebben, die de etenspotten vulde."

Amma neemt altijd de moeite erop te wijzen dat alles door de kracht van de liefde van haar kinderen komt en nooit door haar eigenlijke goddelijke kracht. Per slot van rekening houdt God ervan Zijn volgelingen te verheerlijken. Hij heeft nooit het gevoel dat Hij iets doet. Hij is zonder ego. Hoe kan iemand die tot zuivere liefde is getransformeerd een ego hebben?

Wat is er onmogelijk voor iemand die de belichaming van liefde is geworden? Lang geleden waren vele mensen uit Ālappād er getuige van dat Amma aan duizend mensen *panchāmritam* (pudding met vijf ingrediënten) uit een klein potje serveerde. Het schijnt dat het potje nog helemaal vol panchāmritam was zelfs nadat er aan iedereen geserveerd was. Op die dag was het Amma's liefde zelf die als panchāmritam overstroomde.

"Als Amma zoveel liefde blijft geven, zal die dan ten slotte niet opraken?" Een volgeling bracht deze twijfel naar voren.

Amma gaf een duidelijk antwoord: "Nooit! Kinderen, liefde raakt nooit op. Ik deel alleen uit wat overstroomt. Het is niet iets wat ik me bewust voorneem te doen. Liefde stroomt gewoon over."

Als de liefde die van Amma overstroomt zo onmetelijk is, hoe kan men dan de oceaan van liefde meten die haar hart vult?

Er wordt beweerd dat Durvāsa en zijn enorme gevolg zich verzadigd voelden, toen ze indirect het met liefde gevulde stukje spinazie van Pāñchāli aten[25]. We hebben ook het verhaal van Christus gehoord die vijfduizend mensen te eten gaf met vijf broden en twee vissen. Maar hebben we dit allemaal zelf gezien? Rationalisten onder ons kunnen deze verhalen daarom als ongeloofwaardig verwerpen.

Maar de verhalen over Amma's incarnatie vonden niet duizenden jaren geleden plaats. Het is de ervaring van vele duizenden die nu nog in leven zijn. Heer Krishna liet de wereld zien wat voor grote wonderen liefde kan creëren. Als we diezelfde liefde door de affectie van een moeder in ons op kunnen nemen, zal alles ons wonderbaarlijk schijnen.

Amma heeft gezegd dat de wereld door liefde in stand gehouden wordt. Om de belichaming van zuivere liefde te worden moeten we duiken in de oceaan van liefde die Amma is. Dit is echte overgave. Overgave leidt ons naar een toestand waarin we ernaar smachten de Waarheid te omhelzen.

---

[25] Pāñchāli en de Pāndava's waren gezegend met een *akshaya pātram*, een etenspot die zichzelf vulde. Nadat de Pāndava's die dag hun middagmaal gegeten hadden, nam Pāñchāli haar eten en waste de pot. Toen ze vernam dat de wijze Durvāsa en zijn gevolg van duizenden voor het middageten naar haar hermitage kwamen, werd ze ongerust, want de wijze stond bekend om zijn vurige temperament en om het vervloeken van degenen die zich zijn woede op de hals haalden. Ze bad vurig tot Heer Krishna, die voor haar verscheen en haar om iets te eten vroeg. Pāñchāli antwoordde dat er niets over was, omdat de akshaya pātram al schoongemaakt was. Krishna vroeg haar de pot opnieuw te controleren. Pāñchāli zag een piepklein stukje spinazie en bood het nederig aan de Heer aan, die het opat en verklaarde dat zijn honger over was. Bij Durvāsa en zijn gevolg, die zich in een rivier baadden, was de honger ook over en daarom besloten zij die dag het middageten over te slaan.

* * *

Mahātma's verrichten geen wonderen, maar alles wat ze doen wordt een wonder. Het is niet dat mahātma's de waarheid spreken; alles wat ze zeggen wordt waar! Als mensen die naar Amma's darshan komen erom bidden dat hun problemen opgelost en hun verlangens vervuld worden, zegt Amma: "Amma zal een sankalpa maken."

Wat betekent dit? De sankalpa's van jñani's worden nooit tevergeefs gemaakt. Deze sankalpa's veroorzaken krachtige vibraties in de natuur, wat de vervulling van de sankalpa's meteen vergemakkelijkt.

Toen ik bij Amma in de āshram verbleef, was het mijn taak om Engelse brieven in het Malayālam te vertalen en haar die hardop voor te lezen. Ook moest ik haar antwoord aan degenen die de brieven hadden gestuurd opschrijven. Ik heb Amma de duizenden brieven die aan haar verstuurd worden, zorgvuldig zien lezen, hoeveel tijd het ook kost. Als iemand de brieven verbergt zodat Amma kan rusten, spoort ze die op en leest ze allemaal.

Op een dag toen Amma van de darshan naar haar kamer was teruggekeerd, ging ik daar zoals gewoonlijk met de brieven heen. Ik las iedere brief aan haar voor. Omdat er veel brieven waren, moest ik ze snel lezen. In die tijd lag Amma gewoonlijk op de grond naar de brieven te luisteren die werden voorgelezen. Al mijn aandacht was gericht op de brieven die ik zonder onderbreking hardop voorlas. Plotseling hoorde ik een geluid achter me. *Boem!* Ik draaide me om. Amma was als een kind op de grond gerold en lag achter me.

Amma zei me: "Zoon, dat 'boem' was het geluid van de kat die in de vijver viel. Niets om je zorgen over te maken. Hij kan zwemmen."

Pas toen besefte ik dat Amma daar een stripverhaal had liggen lezen. Ik vond het helemaal niet leuk. Teleurgesteld zei ik:

"Ik zit hier mijn best te doen om die brieven te vertalen. Als het zo moet gaan, houd ik op met lezen."

"Wees niet boos, lieverd. Een kind heeft me dit boek tijdens de ochtenddarshan gegeven. Hij gaf het me met zoveel liefde en zei dat ik het na de darshan moest lezen. Ik kon zijn onschuldige sankalpa niet negeren. Mijn zoon, Amma besteedde ook aandacht aan wat jij voorlas."

Ik was niet bereid om te luisteren naar iets ze te zeggen had. Ik vroeg haar me te vertellen wat de inhoud was van de brieven die ik haar had voorgelezen. Amma vertelde de inhoud van de ruim tien brieven die ik haar had voorgelezen.

Toen zei ze: "Zoon, luister nu ook naar wat er in de ongeopende brieven staat."

Ze vertelde me toen de inhoud van iedere ongeopende brief! Ze had de inhoud van al die brieven begrepen voordat ze geopend waren. Toen ik de brieven opende, realiseerde ik dat alles wat ze gezegd had, volkomen correct was.

Verbaasd vroeg ik haar: "Amma, u weet de inhoud van al deze brieven zonder dat u ze zelfs gelezen heeft. Waarom laat u mij er dan zoveel tijd aan besteden om ze voor u te vertalen en voor te lezen?"

Amma antwoordde: "Zelfs de armen die het geld niet hebben om een brief te posten, sturen aan Amma brieven met anderen mee. Als deze mensen een brief schrijven, doen ze dat met de sankalpa dat Amma ze moet lezen. Amma moet wel buigen voor hun oprechte sankalpa."

Ze ging verder: "Op het moment dat de onschuldige kinderen de brief schrijven, zijn hun sankalpa's al in de natuur opgenomen. Door de liefdevolle brief van hun hart, bereikt hun boodschap Amma sneller dan de geposte brief."

Niet door brieven kent de moeder de honger van het kind, nietwaar? In de diepe liefdesband tussen moeder en kind, wordt hun hart één. Op dezelfde manier kunnen mahātma's, die in hun liefde één zijn met het universum, de gedachtengolven van alle schepsels in zichzelf voelen.

De blunders van een leerling

28

Men zegt dat twee dingen in de wereld eindeloos zijn: het mededogen van de Guru en de domheid van de leerling. Van tijd tot tijd komen er herinneringen in me op aan mijn dwaasheden in de oude tijd met Amma. Dit was de tijd toen ik net in de āshram was gaan wonen. Amma bracht al haar tijd met ons door. Zoals een moederhen haar kuikentjes nauwlettend in de gaten houdt, hadden wij uitgebreid de gelegenheid om ons onder Amma's beschermende vleugels te koesteren. In die tijd was het onmogelijk voor ons om zelfs maar een moment van haar weg te blijven. Zo was onze geestesgesteldheid toen. We mediteerden samen, zongen samen bhajans en dansten samen. Van tijd tot tijd haalde Amma een grap met ons uit en liet ons bulderen van het lachen. Zelfs in die dagen, toen men alles kon vergeten in de extase van devotie veroorzaakt door de Gurus aanwezigheid, beging ik een aantal blunders.

De opvattingen over spiritualiteit die ik had voordat ik in de āshram ging wonen, waren duidelijk anders. Ik stelde me voor dat ik nooit meer naar het materiële leven hoefde terug te keren. Ik dacht dat Amma ons ascese in de Himalaya's of midden in een bos zou laten ondergaan om God te realiseren. Ze bleef mijn foutieve ideeën over spiritualiteit veranderen.

Ik besloot mijn spirituele oefeningen met de grootste ernst te doen om dichter bij Amma te komen. Ik nam ook een besluit over de middelen om Amma's echte vorm te zien en dichter bij haar te komen: de Devipūja leren. Iemand vertelde me dat men dichter bij Amma kon komen en het goddelijke visioen van Devi kon hebben, als men Devi zonder fouten aanbad. En dus probeerde ik de Devipūja te leren. Van de volgeling die me aangeraden had de Devipūja te leren kreeg ik zowel de pūjabenodigdheden als een beeld van Devi.

En zo hield ik me bezig met het doen van pūja's. Amma zag dat ik veel tijd besteedde aan het poetsen van de pūjapotten totdat ze glommen. Ik dacht dat Devi gemakkelijk te behagen was als men de pūja deed met potten die blonken als goud. Daarom besteedde ik meer tijd dan nodig was aan het poetsen van de pūjapotten.

Toen ik op een morgen pūja in mijn hut deed, kwam Amma binnen. Ik had gedacht dat Amma me in de vorm van Devi darshan zou geven, maar ze verscheen in haar gewone vorm. Ik was trots op de kracht van mijn pūja. Ik was er zo snel in geslaagd Amma met mijn inspanningen op te roepen. De illusie dat Amma kwam omdat ze blij was met mijn pūja, duurde echter niet erg lang. Je zou kunnen zeggen dat al mijn verwachtingen verkeerd uitkwamen. Er was niet de minste vreugde in Amma's gelaatsuitdrukking. Ze keek juist ernstig. "Zoon, het is niet meer nodig om pūja te doen," zei ze. "Het is voldoende als je *mānasa pūja* doet."

Toen ik haar woorden hoorde, verstijfde ik. Voordat ik ook maar iets kon vragen, pakte Amma al mijn pūjapotten op en ging weg. Dit was het einde van mijn pūjasādhana.

Later dacht ik dat men spirituele vooruitgang kon boeken door studie van de geschriften. In die tijd nam Amma een Sanskriet geleerde aan om ons de taal te leren. De studie van het Sanskriet werd al spoedig een alles verterende hartstocht. Ik miste veel van mijn dagelijkse spirituele oefeningen omdat ik al mijn tijd aan de studie van Sanskriet besteedde. Amma sloeg dit alles gade. Ik verbeeldde me dat ze meer van me zou houden als ze vernam dat ik de geschriften serieus bestudeerde. In plaats daarvan gebeurde er iets anders.

Toen ik op een keer 's nachts om twee uur onder het licht van een lantaarn de Sanskriet grammatica aan het bestuderen was, kwam Amma plotseling de hut binnen. Ze zag dat op de grammatica zat te blokken in plaats van te mediteren, wat ik gewoonlijk rond die tijd deed. Ik was me er niet eens bewust van dat Amma er was, zo verdiept was ik in het van buiten leren van grammaticaregels. Ze pakte al mijn Sanskriet studieboeken op en liep weg. Daarom besloot ik tijdelijk met mijn Sanskriet studie te stoppen.

Ik besefte dat Amma het niet leuk vond dat ik mijn dagelijkse spirituele oefeningen oversloeg. Als dat het geval was, zou ze het waarschijnlijk waarderen als ik intense spirituele oefeningen deed. Er was geen andere keuze; ik moeste de zwaarste ascese beoefenen die me naar de toppen van spiritualiteit zou voeren. Het was niet moeilijk Amma's toestemming te krijgen. Ze stemde ermee in dat ik tapas in de grot deed.

"Zoon, hoelang ben je van plan daar te blijven?" vroeg Amma.

Omdat ik niet onmiddellijk een antwoord kon geven, zweeg ik. Later zei ik: "Eenenveertig dagen."

Amma glimlachte en gaf me toestemming om tapas te beoefenen. Maar ik begreep toen de betekenis van die glimlach niet. De volgende dag stond ik 's morgens vroeg op en ging de grot in. Ik begon met mijn oefeningen. Na een tijdje ving ik het geluid van Amma's onstuimige gelach op dat van voor de kalari kwam. Toen ik dat gelach hoorde, kon ik niet langer stil blijven zitten. Ik stond op en gluurde door de deur. Mijn broers Bālu, Venu and Rao zaten rondom Amma die grappen maakte en hen aan het lachen maakte. Ik kon niet duidelijk horen wat Amma zei. Langzaam liep ik weg van de grot en ging achter Amma zitten. Toen Amma mijn voetstappen hoorde, draaide ze zich om. Toen ze mij zag, lachte ze en vroeg: "Beste Shrī, wanneer begin je met je tapas in de grot?"

Ik had haar niet verteld dat ik mijn tapas die ochtend vroeg in de grot zou beginnen. De waarheid was dat ik al erg leed onder de pijn van de scheiding van Amma. Ze keek meedogend naar me alsof ze me wilde aanmoedigen. Ik liet mijn hoofd hangen zodat ze de tranen die in mijn ogen opkwamen, niet kon zien.

Toen ik Amma ingelicht had over mijn verlangen om tapas te doen, had ik er niet aan gedacht hoe pijnlijk het zou zijn om fysiek niet bij haar te zijn. De volgende dag ging ik de grot weer in en begon mijn ascese. Er moeten een paar uur voorbijgegaan zijn toen ik buiten het geluid van de bhajans hoorde. Mijn gedachten gingen naar het geluid. Hoe hard ik ook probeerde om mezelf onder controle te krijgen, het bleek mij onmogelijk te zijn om daar te blijven zitten. Hoewel ik tegen mezelf zei dat ik zelfs niet op zou staan, kon ik me er niet van weerhouden op te staan. Ik stond bij de ingang van de grot en keek naar buiten. Amma zong bhajans met de brahmachāri's. Veel volgelingen uit Kollam zaten overal verspreid. In die tijd was ik degene die het harmonium voor Amma bespeelde. Ik tuurde aandachtig om te zien wie nu het harmonium voor haar bespeelde. Het was Nealu. Ik stormde de grot uit. Amma vertelde iedereen om haar heen wat er gebeurd was. Ze keken me allemaal aan en begonnen te lachen. Ik stond daar hulpeloos en voelde me hoogst ellendig. Zonder een woord te zeggen liep ik terug naar de grot, ging naar binnen en ging zitten. Ik deed een gelofte dat dit nooit meer zou gebeuren.

Ik moest het woord gestand doen dat ik Amma gegeven had. Ik besloot niet uit de grot te stappen voordat de eenenveertig dagen voorbij waren. De eerste dagen waren erg moeilijk. Steeds als ik Amma's stem hoorde, dreigde het verlangen haar te zien alle geloften te verbreken. Ik bad tot Amma zelf om me de kracht te geven deze moeilijkheid te overwinnen. Als Amma nu eens de grot in kwam, dacht ik smachtend. Omdat ik dacht dat ze zou komen, bleef ik 's nachts wakker en wachtte op haar. Maar ze kwam nooit. Ik begon me met de omgeving van de grot te verzoenen.

Op een dag kwam Amma de grot binnen. Haar liefde en affectie gaven me nieuw leven. Amma herinnerde me eraan: "Zoon, wanneer je uit de grot komt, moet je Devi-amma met je meebrengen." Later besefte ik dat ze me gezegend had om de ervaring te hebben van de Godin Devi, dat wil zeggen Amma die in het hart verblijft. In de dagen die volgden ervoer ik echt de voortdurende nabijheid van Amma, hoewel ze fysiek op een afstand was. Zonder deze ervaring zou ik niet door hebben kunnen gaan in de grot. Zo bracht ik daar mijn tijd door door op Amma te mediteren.

Op een dag hoorde ik Amma's stem opnieuw voor de grot: "Shrī mon, de eenenveertig dagen zijn over. Kom je er niet uit?"

Ik kon niet antwoorden. Mijn geest had zich helemaal met de omgeving van de grot verzoend. Twee dagen later kwam Amma de grot in en sleepte me naar buiten. Ze barstte in lachen uit en zei: "Zoon, iemand die onophoudelijk aan de Guru denkt, doet tapas, of hij nu in de grot of erbuiten is. Omdat dat het geval is, is er geen reden om tapas in de grot te doen. Als er eenmaal een innerlijke band met de Guru gesmeed is, worden alle handelingen ascese."

Ik heb gelezen dat de fysieke aanwezigheid van de Guru ongetwijfeld nodig is in de beginstadia van de sādhana van de leerling. Als we met een houding van overgave in de aanwezigheid van de Guru kunnen leven, is er niets wat we niet tot stand kunnen brengen. Ik realiseerde me dat het dwaas was geweest om te proberen uit Amma's fysieke aanwezigheid te blijven in een tijd dat ze vierentwintig uur per dag besteedde aan het dansen en zingen met haar kinderen. Ik had eenenveertig onschatbare gouden dagen verloren. Amma troostte me met vriendelijke en zegenende woorden.

Wat van het hoogste belang is, is onophoudelijke denken aan de Guru. We moeten proberen zoveel mogelijk gebruik te maken van de Gurus aanwezigheid. De gelegenheid om in de aanwezigheid van mahātma's te zijn is een zeldzame zegen. Het is moeilijk genoeg een menselijk leven te krijgen. Nog moeilijker is het om belangstelling voor spirituele zaken te hebben. Het moeilijkst te verkrijgen is de nabijheid van een mahātma. Dat krijgen we door Amma's aanwezigheid. We moeten Amma's woorden met liefdevol vertrouwen en devotie gehoorzamen. In plaats van te proberen onze voorkeur en afkeer op eigen houtje te onderdrukken moeten we Amma ons laten leiden.

We moeten de kracht ontwikkelen om voordeel te halen uit ongunstige omstandigheden en leren denken voorbij onze voorkeur en afkeer. Verruiming van hart en geest zal ons in staat stellen om mededogen te voelen voor het verdriet in de wereld. We moeten ons van ons egoïsme en slechte gewoonten bewust worden en die elimineren. We moeten proberen van ons ego af te komen. Dit is allemaal een onderdeel van het spirituele leven. Amma heeft de uiterlijke omstandigheden gecreëerd om deze doeleinden te bereiken. Daarom kunnen we in de Gurus aanwezigheid binnen zeer korte tijd bereiken wat anders vele eeuwen tapas gekost zou hebben. Iedere beweging van Amma verschaft meer wijsheid dan duizenden boeken. Als we de ontelbare uitdrukkingen kunnen begrijpen die ieder moment op haar gezicht opkomen, als we de betekenis van de veranderende mudra's die haar vingers tonen kunnen begrijpen, is het onwaarschijnlijk dat we iets anders nodig hebben om spirituele wijsheid te verkrijgen.

Spiritualiteit gaat niet alleen over pūja's verrichten, Sanskriet of de geschriften bestuderen of zichzelf in een grot opsluiten. Het is een zienswijze die je de kracht geeft om allerlei situaties aan te kunnen. Het is de schoonheid van de onthechting die gelukzaligheid geeft en het leven tot een kunst maakt. Iedere beweging van ons moet een spirituele oefening worden. Spirituele wetenschap is de wijsheid die ons in staat stelt het leven prachtig te maken door de geur en schoonheid van liefde te verspreiden zonder dat de wereld ons bezoedelt, zoals de lotus die in de modder groeit.

Op het ogenblik is alles wat we met onze geest en ons lichaam doen pure dwaasheid. Dat zal nooit ophouden tenzij we de geest transcenderen. We kunnen een grote hoeveelheid informatie verzamelen. We kunnen een echte schat aan encyclopedische kennis worden. Niettemin zullen we doorgaan onze onnozelheden steeds weer opnieuw op te voeren. Om Amma te citeren: "We hebben kennis, maar geen bewustzijn." Amma brengt de wijsheid over die ons naar het hoogste bewustzijn leidt.

Ons leven moet helemaal aan spirituele oefeningen gewijd zijn. Talloze volgelingen, kinderen van Amma, die het werk dat ze doen tot een spirituele oefening gemaakt hebben en zo Gods zegen verdiend hebben, beoefenen nu onbaatzuchtige dienstverlening in allerlei delen van de wereld. Amma moedigt hen aan om innerlijke zuiverheid te krijgen door onbaatzuchtig te dienen. Niet iedereen kan dezelfde weg naar Godsrealisatie volgen. Aspiranten van topkwaliteit, die veel sattvische eigenschappen hebben, zijn zeldzaam. De meesten drukken voornamelijk rajas- of tamaseigenschappen in hun gewoonten uit. Daarom schrijft de Guru een spirituele weg voor die bij de mentale constitutie van de leerling past.

De meeste mensen besteden hun hele leven alleen aandacht aan hun eigen zaken. Onbaatzuchtig werk maakt dat we Gods zegen verdienen. Zelfs als we voor familie of vrienden werken, moeten we proberen dat met een onzelfzuchtige houding te doen. Altruïstische daden zullen ons leven met schoonheid en tevredenheid leven.

De kosmische waanvoorstelling, die vol dualiteiten zit, is de oorzaak van al het lijden. We zien wat we niet moeten zien, en zien niet wat we horen te zien. Om de wereld te zien zoals hij werkelijk is hebben we innerlijke zuiverheid nodig. Willen de ogen van wijsheid zich openen, dan hebben we de genade van de Guru nodig, want alleen door Haar genade kan de visie van de Waarheid ons op de wereld gericht bewustzijn vervangen. Als we de karmische last van ons af schudden, wordt ons leven in deze wereld een pelgrimstocht naar Heelheid. Deze samsāra is slechts een leertijd. We moeten munt slaan uit dit goddelijke leven om een *paramahamsa* (verheven heilige) te worden, een toestand die alle dualiteit transcendeert. In de Gurus aanwezigheid kunnen we dit doen.

De liefde die uit ons hart overstroomt, moet zich als *seva* manifesteren, maar we moeten eerst de Guru leren dienen. Wie kan niet van een Satguru als Amma houden, die overloopt van goddelijke eigenschappen? Iedereen is zo enthousiast om haar heilige voeten te dienen. In de begintijd van de ashram wedijverde iedereen met elkaar om Amma te dienen. Er ontstonden talrijke problemen door deze competitie onder de volgelingen. Ik besef nu dat ik ook een van deze volgelingen was.

Een deel van de hut waar Amma rustte werd als keuken gebruikt. Gewoonlijk zette Swāmi Ramakrishnānanda 's ochtends thee voor Amma. Toen hij op een dag niet in de āshram was, besloot ik thee voor haar te zetten. Ik had nooit eerder in mijn leven thee gezet. Toch was ik druk in de weer alsof ik een theewinkel had. Het is de plicht van de leerling om de Guru te dienen, nietwaar? Hoe kon ik deze kans om Amma te dienen onbenut laten? Nog voordat iemand de kans kreeg de keuken binnen te komen, kondigde ik mijn voornemen aan om voor Amma thee te zetten. Niet alleen dat, ik vertelde ook Amma van tevoren over mijn voornemen. Daarom kwam niemand mij lastigvallen.

Na een half uur riep Amma van voor de kalari: "Shrī-mon, waar blijft de thee?"

"Die ben ik aan het zetten," riep ik luid als antwoord.

Amma kwam naar de keuken om te zien hoe ik mijn speciale thee aan het brouwen was. Toen Amma de kleur van het kokende water zag, vroeg ze: "Zoon, waarom is het zo zwart?"

"Dat vroeg ik me ook af, Amma. Ik heb nu verschillende pogingen ondernomen, maar ik kan er maar niet achter komen waarom het water zo zwart is."

Zonder acht te slaan op wat ik zei, pakte Amma de theepot op. "Er is iets mis met dit theepoeder. Hoe vaak ik het ook probeer, Amma, het lijkt nergens op." Ik bekende mijn hulpeloosheid. Ik opende de pot met theepoeder en liet die aan Amma zien. Toen ze die zag, begon ze luid te lachen. Hoe kon het zien van thee zo'n gelach opwekken? Ik begreep niet wat er aan de hand was en stond daar hulpeloos. Na een tijdje realiseerde ik me wat er gebeurd was. Wat ik in het hete water gedaan had, denkend dat het theepoeder was, waren in feite verbrande rijstomhulsels, een poeder dat gebruikt wordt om je tanden schoon te maken. Amma stemde er bereidwillig mee in dat de fout per ongeluk gemaakt was doordat ik het tandenpoeder voor theepoeder had aangezien.

Ik zei: "Amma, zeg dit alsjeblieft tegen niemand. Iedereen kan fouten begaan. Waarom gaat u niet voor de kalari zitten? Ik ben binnen een paar minuten met de thee klaar en zal het u brengen."

Als een gehoorzaam kind ging Amma op de open veranda van de kalari zitten wachten. Als een deskundige kok brouwde ik in minder dan geen tijd een kop thee. Het was me niet ontgaan dat wat ik voor elkaar gekregen had, geen geringe taak was. Trots liep ik met de thee naar Amma. Nadat ze een slokje genomen had, zette ze de kop op de grond neer en rolde over de grond van het lachen. Ik had Amma dit bij verschillende gelegenheden zien doen als ze in samādhi ging. Dit was echter alleen tijdens de bhajans gebeurd. Ik kon niet begrijpen hoe een kopje thee haar zo kon beïnvloeden. Misschien had ik mijn mantra te vaak herhaald onder het zetten van de thee. Hoe dan ook, ik nam een teugje van de thee om te zien of ik dezelfde ervaring zou hebben. Toen begreep ik de reden van Amma's gelach duidelijk. Dat suiker en zout dezelfde kleur en vorm hadden, kon erg gevaarlijk zijn. In plaats van suiker toe te voegen, had ik er zout bij gedaan. In plaats van Amma te dienen had ik haar last bezorgd. Die waarheid was pijnlijk. Uiteindelijk ging Amma zelf naar de keuken, zette thee en gaf mij ook een kop. Op Amma's gezicht, dat overstroomde van de zoetheid van moederliefde, was alleen affectie zichtbaar. De betoverende kracht van die goddelijke liefde, die de onwetendheid en het ego van de leerling verdrijft, bracht me tranen in de ogen.

De meerderheid van de mensen die de Guru willen dienen, bezorgt Haar alleen last. We moeten doen wat we kunnen en niet erop aandringen seva te doen die iemand anders doet.

De eerste *sevaks* die Amma kwamen dienen waren vogels en andere dieren. Amma heeft eens gezegd: "De vogels en dieren konden Amma onmiddellijk begrijpen, maar het was moeilijk voor mensen om haar te begrijpen."

Vaak kan onschuld peilen wat het intellect niet kan doorgronden. Alle schepsels begrepen de grootheid van Amma, die één met de natuur was geworden. De mensen waren de laatsten die haar begrepen. Toen Amma niet at, renden adelaars, koeien en honden naar haar toe om haar te dienen, terwijl mensen niet aarzelden haar gek te noemen en de spot met haar te drijven. Door hun leven kunnen vogels en dieren ons veel lessen leren. Daarom streefden de avadhūta's ernaar hen als Guru te zien (*Avadhūta Gītā*). De zogenaamd goed opgeleide, moderne mensen vergeten vaak dat de wezens die wij als dom beschouwen, onbaatzuchtig dienen. Wij leren geen enkele les van deze schepsels die niet spreken, maar doden ze om ze op te eten. Hoe kunnen mensen vrede ervaren in een wereld die propvol is met de pijn en het verdriet van niet sprekende schepsels die weeklagen in slachthuizen?

Bij veel gelegenheden moesten mensen verlamd van de schrik toekijken als natuurrampen in een wilde vernietigingsdans alles wat zij opgericht hadden, omverwierpen. Toch bestaat hun gebrek aan respect voor de natuur nog steeds. Grote spirituele meesters worden bekritiseerd, tot op de dag van vandaag. Mahātma's die alleen maar goed doen, worden nog steeds vervolgd. Niettemin gaat Amma door over de hele wereld te reizen, als een niet tegen te houden stroom uit een eeuwige liefdesbron. Ze bidt voor het welzijn van degenen die haar bekritiseren en bespotten en geeft haar compassie aan iedereen in overvloed.

Wonderen van Goddelijke Liefde

29

Ik herinner me hoe iedere dag die voorbijging ons een overvloed aan ervaringen gaf. Amma creëerde een microkosmos van de wereld om zich heen met ontroerende taferelen die kinderen van verschillend karakter aaneenreeg aan de draad van haar liefde. Zo transformeerde ze hen in een bloemenkrans voor de Heer en een sieraad voor de wereld. Amma's aanwezigheid, die een beeld in een godheid verandert, alle tekortkomingen mooi maakt en het ego laat smelten, heeft van de spirituele wereld de grootste universiteit gemaakt. Ze straalt als de belichaming van zelfopoffering en geeft zoekers ontelbare kansen om de nectar van goddelijke liefde te drinken en in de eeuwigheid op te lossen, hoe verschillend hun wegen naar de Waarheid ook zijn. Reeksen ervaringen die ons laten lachen en nadenken vinden dagelijks rondom Amma plaats.

In de begintijd van de āshram waren er geen gebouwen. Een paar hutten en de kalari waar Amma darshan gaf, dat was de āshram. Spirituele oefeningen als japa en meditatie werden op de oevers van de backwaters gedaan. Het grootste deel van de tijd was Amma op het terrein voor de kalari. Ze gebruikte zelfs geen slaapmatje om op te liggen. Omdat de āshrambewoners regelmatig haar voorbeeld van opoffering zagen, deden ze hetzelfde. Brahmachāri's ontruimden hun hutten voor volgelingen die de āshram bezochten. Op heel wat dagen was er geen eten voor ons nadat we voor de volgelingen gekookt hadden en hun geserveerd hadden. Vaak probeerde Amma ons wakker te maken om ons te laten eten als we zonder gegeten te hebben op de onbedekte grond lagen, nadat we de volgelingen tot hun voldoening geserveerd hadden. Hoeveel dagen we ook honger leden, we waren nooit moe. Dit waren de dagen dat we beseften dat geluk en voldoening in opoffering zitten, niet in nemen. Ze waren allemaal vol met zeer gunstige momenten in ons leven.

Een toegewijde die verbleef in de hut van Unnikrishnan (nu Swāmi Turiyāmritānanda Puri), die pūja in de kalari deed, kwam de volgende keer terug met een nieuw strooien matje. Hij had medelijden met Unni dat hij op de blote grond moest slapen. Hij vertrok nadat hij Unni geïnstrueerd had voortaan op het matje te liggen.

Daarna vond er een ander voorval plaats. Een man uit Kāttur hoorde de bhajans die Amma's brahmachāri's in de tempel in Occhira zongen. De aantrekking tot de bhajans leidde hem naar Amma. Toen hij het ongelooflijke in Vallickāvu zag, was hij verbaasd. Hij staarde nieuwsgierig naar de brahmāchari's, die reeds bij het begin van hun jeugd bereid waren alles op te offeren voor het welzijn van de wereld en die op de oevers van de backwaters in meditatie verdiept waren. Hij staarde vol respect naar degenen die hun toevlucht tot Amma's lotusvoeten gezocht hadden en alle comfort opgegeven hadden in deze moderne tijd waarin de mensen onstuimig achter sensueel genot aan renden. Deze ashrambewoners zongen gedurende de hele darshan devotionele liederen. Ze werkten in de keuken, koeienstal en bouwplaatsen met een houding van verzaking. Hij bleef proberen meer te weten te komen over deze gezegende brahmachāri's van Amma. Hij sprak met ieder van ons persoonlijk. Hij adviseerde ons zelfs om de laatste regel aan het eind van de bhajans drie keer te herhalen.

Unni, die het grootste aantal bhajans gecomponeerd had, kreeg van hem de meeste aandacht. Hoe componeerde Unni zoveel prachtige gedichten? Hoe kon hij liederen componeren die zulke diepzinnige spirituele principes bevatten, terwijl hij geen opleiding in Sanskriet of hoger onderwijs genoten had? Als je de genade van de Guru hebt, wat is er dan onmogelijk? Hij probeerde vasthoudend het geheim achter Unni's poëzie te ontdekken. Hij ondervroeg brahmachāri's en volgelingen diepgaand. Het duidelijkste antwoord kwam van een toegewijde die Ayyappan heette en die al zijn tijd lezend tussen de kokospalmen doorbracht. Geestig zijn om iemand te laten lachen is iets goeds, nietwaar? Wat zich later voordeed was hiervan een voorbeeld.

In een wip verzon Ayyappan een verhaal over het geheim achter Unni's gedichten, dat hij aan de volgeling uit Kāttūr vertelde. "Een paar jaar geleden kwam hier een groot yogi. Hij bleef een paar dagen en vertrok toen. De yogi die over grote occulte krachten beschikte, verbleef in Unni's hut. Hij liet Unni het slaapmatje na waarop hij gewoonlijk lag, een matje dat verzadigd was met goddelijke energie. Het wonder vond plaats nadat de yogi vertrokken was. Toen Unni op de mat ging zitten, begonnen gedichten in hem op te wellen. Hij begon te schrijven zonder op te houden. Vanaf die dag zat Unni steeds op dat matje als hij gedichten schreef."

De toegewijde besefte dat de goddelijke kracht van het strooien matje het geheim achter Unni's poëzie was. Die nacht bleef hij in de āshram.

Toen Unni de volgende dag wakker werd en zijn slaapmatje oprolde, zag hij dat de helft onbrak. Hoe was dat gebeurd? Unni liet iedereen de overblijfsels van zijn matje zien. Iedereen lachte toen hij de betreurenswaardige conditie van het matje zag. Maar niemand wist de reden. Hoe dan ook, Unni was blij dat hij de helft van zijn matje kwijt was. Hij hoefde het nu niet meer te gebruiken.

Ongeveer twee jaar later had Amma een programma in Kāttūr waar ze in het huis van die volgeling verbleef. Ze opende de deur naar de pūjakamer en stapte naar binnen. Iedereen merkte een bundel op die in een zijden doek verpakt was en voor de olielamp geplaatst was. Nadat Amma de pūja gedaan had, vroeg ze het hoofd van het gezin: "Zoon, wat zit er in die bundel?"

Heel nederig antwoordde de man: "Amma, waarom opent u het niet?"

Amma verwijderde de verpakking langzaam. Iedereen keek vol verwachting toe. Wat kon het zijn dat hij zo zorgvuldig voor de olielamp had geplaatst? Een voor een verwijderde Amma de vele lagen glinsterende zijde die gebruikt waren om de bundel te verpakken. Toen we ten slotte een aan flarden gescheurd stuk van een strooien matje binnen in alle zijden doeken zagen, barstten we in lachen uit. Het was het stuk van Unni's matje dat verdwenen was. Zelfs degenen die het verhaal erachter niet kenden, moesten lachen. Degenen onder ons die het verhaal wel kenden, konden ons lachen niet meer beheersen. Amma nam die onschuldige man in haar armen en omhelsde hem. Na dit incident kwam de man naar de āshram met gedichten die hij geschreven had. Door Amma's genade waren die gedichten het bewijs van de wonderen die onschuldig vertrouwen kan creëren.

Er is geen einde aan de wonderen die in Amma's heilige aanwezigheid plaatsvinden. Voor de mensen die door verveling afgemat waren, waren er de ouderwetse hutten van palmbladeren op het terrein voor de kalari om in hen het enthousiasme en de zuiverheid van een kind op te roepen. De kalari is getuige geweest van zoveel uitdrukkingen van inspanning. Wat iedereen – toegewijde, geleerde, rationalist, wetenschapper, politicus en religieus leider – van dit gezegende heiligdom kan krijgen is de goddelijke ervaring één te worden met een zuiver hart en een nederig hoofd.

Van de verhalen over het leven van Kalidas weten we hoe Kali's stortvloed van mededogen een domkop in een dichter veranderde. Als antwoord op Kali's vraag "Wie is er binnen?" zei hij niet "Ik." Hij zei: "Uw dienaar." Kan God het nalaten iemand te zegenen die de houding van een dienaar heeft? Moeder Kali heeft hem inderdaad met Haar zegeningen overspoeld.

Wonderen vinden er ook voortdurend in dit gewijde verblijf plaats. De Satguru kan van iedereen een redenaar, geleerde, dichter of extatische toegewijde maken. Als we een instrument in Gods handen zijn, kunnen we alles worden. Een stuk gereedschap heeft geen voorkeur of afkeer, geen klachten. Een muziekinstrument wacht geduldig op de aanraking van de vingers van de musicus. Het geeft zich in stilte aan de musicus over. We wachten allemaal geduldig op de stortvloed van genade van de Guru, zoals bloemknoppen die ascese ondergaan om zich te openen. Daardoor kunnen we bloemen worden die niet verwelken en de zoete geur van spiritualiteit verspreiden.

$$* \quad * \quad *$$

Er zijn ook verhalen over mensen die doorhadden dat ze alles kunnen krijgen als ze Amma's zegen hadden, en daarom probeerden haar te gebruiken om van hun vijanden af te komen. Veel mensen betalen voor pūja's die in tempels uitgevoerd worden met het doel hun vijanden te vernietigen. Wat Devi echter vernietigt is niet iemands vijanden, maar iemands vijandigheid. Met andere woorden van je vijanden afkomen is het veranderen van vijanden in vrienden.

Op een dinsdagavond toen Devi Bhāva aan de gang was, liep er een man de kalari binnen. Iedereen merkte hem op omdat hij luid mantra's reciteerde en het heiligdom binnenging zonder acht te slaan op de lange rij mensen die op hun darshan wachtten.

Zodra hij de kalari in gegaan was, strooide hij bloemen over Amma's hoofd uit terwijl hij mantra's reciteerde. Amma sloot haar ogen en raakte in meditatie verdiept. Ze bleef bijna tien minuten stil. Toen de man klaar was met het offeren van bloemen, opende ze haar ogen. Met een ernstig gezicht vroeg Amma hem: "Zoon, wordt alles wat je voor het godsbeeld doet, ook voor het lichaam gedaan?"

Niemand begreep de betekenis van Amma's vraag.

"Amma, er was geen andere manier. Vergeef me alstublieft."

Hoewel de mensen die dicht bij de man stonden zijn antwoord hoorden, begrepen ze niet waar hij het over had.

"Nu is het genoeg als u me wat bloemen met uw rechterhand geeft, Amma. Daarna vertrek ik onmiddellijk."

Amma nam wat bloemen in haar linkerhand en stak die uit. De man wilde ze niet accepteren. Hij stond erop dat Amma de bloemen met haar rechterhand gaf, maar Amma liet zich niet vermurwen. De mensen die op hun darshan stonden te wachten, werden ongeduldig. Uiteindelijk nam de man wat bloemen, drukte ze op Amma's rechterhand en vertrok met de bloemen.

Wat had die man gedaan? De nieuwsgierigheid van de volgelingen nam toe. Amma glimlachte alleen maar. Voor haar waren dit allemaal līla's. De volgelingen die in vervoering gebracht werden door de lieve glimlach van de moeder die genoot van het kattenkwaad van haar kinderen, vergaten de vraag zelfs. Maar ik niet.

De volgende dag legde Amma zelf uit wat er gebeurd was. De man die gekomen was onder het reciteren van mantra's, was de eigenaar van een bakkerij. Amma herinnerde zich duidelijk dat ze hem bij vele gelegenheden voor darshan heeft zien komen. Een andere man had naast zijn bakkerij een winkel geopend en dit had een belangrijke daling in de inkomsten van de bakkerij veroorzaakt. Hij wilde koste wat kost van die winkel af. Hierom had hij Amma bij talloze gelegenheden gesmeekt. Het geloof dat alleen de vernietiging van die winkelier tot zijn eigen welzijn bij zou dragen, had hem ertoe gebracht Amma's hulp in te roepen. Toen hij besefte dat Amma geen medeplichtige wilde zijn aan iets wat iemand schade toebracht, benaderde hij een beoefenaar van zwarte magie als laatste uitweg. Hij leerde een aantal mantra's die Devi zouden dwingen bepaalde doeleinden van hem te volbrengen. Tijdens het uiten van deze toverspreuken bestrooide hij Amma met bloemen. Het leek erop dat de tovenaar hem verteld had dat zijn plan zou slagen als Amma hem bloemen met de rechterhand gaf.

"Zullen de dingen dus aflopen zoals hij voorheeft?" vroeg ik.

"Nee zoon. Amma heeft een sankalpa gemaakt dat het zijn bakkerij goed zal gaan. Tegelijkertijd heeft Amma niets gedaan waardoor de winkel van de andere man zal mislukken. Daarom moest Amma, toen de man onder het reciteren van mantra's bloemen aan het lichaam aanbood, het lichaam voor korte tijd verlaten." Ik herinnerde me dat Amma totaal bewegingloos en met haar ogen dicht bleef.

"Hij kon alleen aan het levenloze lichaam bloemen aanbieden. Daarom zullen zijn bedoelingen geen succes hebben. Maar Amma bidt voor zijn groei."

Wat is er onmogelijk voor mahātma's die hun lichaam naar goeddunken kunnen verlaten? Ze verlangen alleen maar goed voor de wereld. Ze kunnen niemand schaden. Hun leven is de lyriek van de onvergankelijke liefde. Want zolang deze wereld bestaat, zal de echo van die mantra van de liefde door het hele universum weerklinken.

* * *

De hoogste toestand van gelukzaligheid kan in het leven nooit door woorden worden uitgedrukt. Er gebeuren in Amma's heilige aanwezigheid de hele tijd zoveel dingen die voorbij woorden gaan. Alles waarvan we denken dat het onmogelijk is, kan door onschuldig vertrouwen tot stand gebracht worden. We hebben een hart nodig dat zuiver genoeg is om te geloven. We zullen dan zien dat alles wat zich in het innerlijk gebied van het bewustzijn afspeelt, werkelijkheid wordt.

De geest blijft de hele tijd weifelen. Hij brengt twijfels naar voren. Hij zoekt bewijs voor het intellect. Zoals er bladeren aan een boom ontluiken, blijven er twijfels die vragen voortbrengen opkomen. Proberen antwoord te vinden is een verspilling van tijd. Wat men snel door een houding van overgave kan verkrijgen, gaat verloren door inmenging van de geest. Het hart dat overstroomt van liefde, kan niet twijfelen. Het kan alleen geloven. Men kan zelfs niet zeggen dat het gelooft. Twijfel is het kind van angst, en vertrouwen het kind van liefde. Vertrouwen is alleen voor degenen die kunnen liefhebben, want waar liefde is, zijn geen twijfels of klachten. Devotie is de zoete geur van vertrouwen. Logica is de schepping van een gemeenschap die zonder gevoel voor richting ten onder gaat. Het is niet praktisch in het leven. Een rationalist die zijn stervend kind ijlings naar het ziekenhuis brengt, heeft blind vertrouwen in de dokter. Het komt niet in hem op om de dokter zijn kind pas te laten behandelen nadat hij zijn diploma onderzocht heeft. Hij geeft zijn kind geen medicijnen pas wanneer hij de chemische bestanddelen van het medicijn bestudeerd heeft. Dit is ook blind vertrouwen. De subtiele, nukkige neigingen van de geest moedigen ons aan God te ontkennen, maar wanneer het hoofd van het ego afgehakt is, worden we nederig. In de aanwezigheid van een Satguru als Amma krijgt een kind zuiverheid van geest en kan het zijn natuurlijke onschuld terugwinnen.

Alle vertrouwen is blind. Niettemin verwijdert het vertrouwen dat uit overgave voortkomt, de duisternis van onwetendheid. De luister van goddelijke liefde verdrijft de schaduw die door twijfel geworpen worden. Dit is wat er in de Gurus aanwezigheid gebeurt.

Toen Amma op een dag darshan gaf, vroeg ze een jongetje dat tussen de volgelingen zat, naar haar toe te komen. Ze vroeg hem om naast haar te gaan zitten en ze spraken lange tijd met elkaar. De vreugde dat hij door Amma herkend was, was duidelijk op zijn gezicht te lezen.

"Amma, u bent me niet vergeten!" zei hij.

Toen Amma zijn woorden hoorde, moest ze lachen. "Zoon, vergeten is moeilijk, nietwaar?"

Ik besefte dat haar antwoord niet alleen voor hem bedoeld was. Ze zinspeelde er waarschijnlijk op hoe moeilijk het is om een toestand te bereiken waarin men alles behalve God vergeten is.

Dat jongetje had eerst het goede geluk gehad om een paar maanden geleden Amma's darshan te ontvangen, toen toegewijden uit Konni in oost Kerala voor haar een receptie gegeven hadden. Na het programma was er een huisbezoek geweest. Toen de toegewijden in vervoering met Amma bhajans zongen, zag ze een jongetje dat devoot naar haar staarde. De eigenaar van het huis stelde hem aan Amma voor. "Amma, hij zing echt goed." Amma trok hem naar zich toe en zegende hem. Hij zong een loflid op Heer Ayyappa, waar Amma immens van genoot.

Op die dag kwam hij voor de eerste keer naar de ashram om Amma te zien. Hij dacht dat ze hem zich niet zou herinneren, maar door haar woorden besefte hij dat ze zich zelfs de tekst van het lied dat hij toen gezongen had, herinnerde. Hij bleef tot het einde van de darshan naast Amma zitten. Hij wilde Amma iets vertellen, maar kon zich er niet toe zetten dat te doen. Amma vroeg: "Zoon, wat wil je Amma vertellen?"

"Ik zou graag een viool willen hebben," zei hij verlegen.

"Zoon, kun je vioolspelen?"

"Nee, ik heb dat niet geleerd. Maar ik wil echt vioolspelen. Ik heb klassieke muziek geleerd en als ik een viool krijg, kan ik zelf leren viool te spelen. Ik weet dat ik alles kan tot stand kan brengen als Amma me zegent."

De onschuldige woorden van de jongen moeten Amma's hart geraakt hebben. Ze riep me onmiddellijk. "Shrī-mon, breng je viool hier."

Een paar dagen geleden had ik een viool gekregen. Hoewel ik fluit gespeeld had, had ik ook geprobeerd viool te spelen toen ik er een kreeg. Er was nog een reden achter mijn nieuwe belangstelling voor vioolspelen. Ik had Amma ooit viool zien spelen. Een man had een viool in Amma's handen gestopt zodat ze die kon zegenen. Toen hoorde ik Amma een lied spelen. Toen Amma zei: "Zoon, Ganapati Swāmi heeft Amma viool leren spelen," begreep ik eerst niet wat ze zei. Ik begon me af te vragen wat de afmetingen waren van de viool die Heer Ganapati bespeeld zou hebben. Amma raadde mijn gedachten en zei: "Hé, idioot, niet de god Ganapati, maar Ganapati Swāmi."

Na een tijdje begreep ik wat ze bedoelde. Ganapati Swāmi was een toegewijde uit Kollam, een van de allereerste toegewijden. Hij had het verlangen Amma op de een of andere manier viool te leren spelen. Hij legde ook duidelijk uit waarom hij dit verlangen had. Hij vond dat hij voor toegewijden de gelegenheid moest scheppen om Devi, die de godin van de kunst was, een muziekinstrument te zien en horen bespelen. Ganapati Swāmi vroeg Amma direct: "Kind, mag ik je leren vioolspelen?"

De Heer heeft er geen moeite mee om de rol van grapjas op zich te nemen om zijn volgelingen gelukkig te maken. Amma stemde er blij mee in viool te leren spelen.

Gewone mensen zagen in Amma de vorm en het karakter van een jong meisje. Daarom spraken veel haar als 'Kleine' aan.

Als volgelingen Amma als een ondeugend kind konden zien spelen, ervoeren ze momenten van onmetelijke gelukzaligheid. De volgende dag kwam Ganapati Swāmi Amma viool leren spelen. Ganapati Swāmi was zich ervan bewust dat Kunju, terwijl ze leerde vioolspelen, erop aan zou kunnen dringen op zijn rug paardje te mogen rijden. Daarom wist hij dat hij op zijn hoede moest zijn. Amma's respons was altijd anders afhankelijk van wat de volgelingen geloofden. Als iemand haar 'Kind' noemde, antwoordde ze met 'Vader' of 'Moeder'. Als ze 'Moeder' genoemd werd, noemde Amma die persoon waarschijnlijk 'Zoon' of 'Dochter'. Zij die zowel de aard van een moeder als een kind in haar zagen, spreken haar aan met 'Ammachi-kunju'. Enkele mensen, zoals Ganapati Swāmi, zagen in Amma de Godin zelf.

Hij moest zijn nederlaag bij de allereerste les toegeven. Amma, die bereid was om viool te leren spelen, verzocht Ganapati Swāmi om een lied te spelen. Hij speelde een hymne op Amma, wier gezicht de luister van Devi uitstraalde. Zodra hij begon te spelen, zag hij dat Amma in samādhi geabsorbeerd raakte. Onder het spelen keek hij in vervoering naar Devi en tranen stroomden uit zijn ogen. Iedere dag kwam Ganapati Swāmi om Amma te leren vioolspelen, en steeds gebeurde hetzelfde. Zo werd hij gezegend dat hij Amma talloze malen in samādhi zag. Ganapati Swāmi moet de gelukzalige vibraties van samādhi geabsorbeerd hebben.

"Heeft u Amma uiteindelijk viool leren spelen?" vroegen enkele mensen Ganapati Swāmi later.

"Ik heb zelf iets geleerd," antwoordde hij spitsvondig.

"Wat heeft u geleerd?" vroegen ze dan.

"Ik heb geleerd dat je Devi niets kunt leren."

Het was een zinvol antwoord. Wij zijn degenen die van iedere beweging van Amma moeten leren. Zo leert de Guru ons allemaal dat we niet kunnen leren. Zij daalt af naar ons niveau en voert haar līlā's op. Alleen uit compassie draagt Ze deze vermommingen.

Toen een volgeling zijn viool aan Amma gaf om die te laten zegenen, speelde zij voor ons een lied om naar te luisteren. Toen kwam mijn verlangen om viool te leren spelen op. Een paar dagen later gaf een man me een viool. Met Amma's toestemming accepteerde ik de gift. Ik deed verscheidene pogingen om het spelen te leren. Er kwam ook een viooleleraar uit Karunagappally naar de āshram. Ik was blij toen ik zag dat Amma allerlei situaties opzette om me in staat te stellen viool te leren spelen.

Dus toen mijn vioollessen zo vorderden, zei Amma: "Shrī-mon, breng je viool hier." Amma overhandigde mijn viool toen aan die jongen. Ik besloot dat de fluit meer met mijn smaak en aanleg in overeenstemming was. Zo eindigden mijn vioolstudies.

Toen ik slechts een paar weken later een foto op de voorpagina van de krant zag, was ik hoogst verbaasd. Het was een foto van de eersteprijswinnaar in vioolspelen op het State Youth Festival van dat jaar. Alle kranten gaven hem opmerkelijke aandacht. Het was niemand anders dan de jongen aan wie Amma mijn viool en haar zegen gegeven had.

"Wordt wakker, kinderen"

30

Waarom heeft God deze wereld vol verdriet geschapen? Waarom is het menselijk leven zo vol leed? Waarom creëert God obstakels zo hoog als muren op de weg door het leven?

Deze vragen komen op in het hart van veel mensen die in de wereld geloven. Op kritieke momenten in het leven vragen ze zich onwillekeurig af waarom God ons een leven zo vol verdriet gegeven heeft.

Amma zegt: "Kinderen, er is geen verdriet in Gods wereld. Hij is de belichaming van gelukzaligheid."

Zelfs als we proberen de zon duisternis te laten zien, zal hij die niet kunnen zien. Er is geen duisternis in de wereld van de zon. Op dezelfde manier is er geen verdriet in Gods wereld. Hij is niet verantwoordelijk voor de problemen die de duisternis van onwetendheid creëert.

Is er dan geen oplossing voor onze bedroevende ervaringen? Die is er zeker, zegt Amma. Er is een oplossing voor al onze problemen.

Vanuit Gods standpunt is dit verdriet niet echt, hoewel ze ons echt lijken. Deze verwarring is de basis van al ons verdriet. Wat ons betreft zijn de pijn en het lijden die we ervaren echt. Daarom moet God als Guru tot het menselijk niveau afdalen. Toch kunnen goddelijke incarnaties op het goddelijke niveau blijven, hoewel ze zich onder gewone mannen en vrouwen begeven. Met dit doel voor ogen verbergen ze hun glorie en nemen de vermomming van gewone mensen aan.

Stel dat we ons een muur tussen Gods wereld en de menselijke wereld voorstellen. De deur die de twee werelden verbindt is de Guru. Met andere woorden Ze bewoont beide werelden en kent de geheimen van beide. De Guru is iemand die zowel de verdrietige wereld van de gewone mens als de gelukzalige goddelijke ervaring kent. Ze wacht erop dat Ze ons het geheim van Bevrijding van de kwellingen van samsāra kan onthullen en ons kan herinneren aan de eindeloze mogelijkheden van het menselijk leven. Ze brengt massa's volgelingen in vervoering met haar goddelijke liefde. Misschien bidden we al tot God, maar we kunnen er niet zeker van zijn dat Hij ons gebed hoort. Maar Amma is in ons midden gekomen als antwoord op al onze gebeden in een vorm die goed zichtbaar is. Ze is de belichaming van liefde, mededogen en zelfopoffering. Ze straalt alle goddelijke eigenschappen uit en zendt voor miljoenen mensen gouden stralen van hoop uit.

Hoewel God altijd bij ons is, kunnen we Hem niet met onze zintuigen waarnemen. Om Hem te ervaren moeten we het gebied van de zintuigen transcenderen. Voor de gewone mens is dit niet gemakkelijk. Daarom moet God een vorm aannemen die de vijf zintuigen kunnen waarnemen. Door Haar eigen leven laat de Incarnatie ons zien hoe we vrij kunnen zijn van het lijden in het leven. Dat is wat Amma doet. Mahātma's die *pūrnata* (Volheid) hebben bereikt, hebben niets meer te winnen. Toch kan men hen onophoudelijk zien werken. Amma werkt ook ononderbroken om de wereld een voorbeeld te geven, om ons de waarde van tijd te leren en om ons bewust te maken van de grote taken die in een kort leven tot stand gebracht kunnen worden. Door deze taken traint ze ons zodat we de volheid van Godsrealisatie kunnen bereiken. Al onze handelingen weerspiegelen onze verwachtingen. Egoïsme schaadt deze handelingen. Amma's handelingen

schitteren daarentegen door de schoonheid van onbaatzuchtigheid. Ze verspreiden de sublieme grootsheid van onthechting.

Amma luistert geduldig naar ons verdriet en zegt ons hoe we
daar vrij van kunnen zijn. Ze probeert ook op de eeuwige oplossing van deze problemen te wijzen door spiritueel advies te geven.
Als we in onze droom denken dat we ziek zijn, gaan we naar het
droomziekenhuis. De droomdokter zal ons een medicijn toedie-
nen. Op deze manier krijgt de droomziekte een droomgenezing.
Als er in onze dromen dingen uit ons huis gestolen worden, zullen
we bij het droompolitiebureau een aanklacht indienen. Als de
droompolitie de gestolen goederen heeft teruggevonden, zullen ze
die teruggeven en zijn we opgelucht. Op dezelfde manier komen
duizenden mensen naar Amma om tijdelijke verlichting van
hun verdriet te krijgen. Amma lost hun problemen op. Wanneer
iemand die ziek is beter wordt, voelt hij zich erg opgelucht. De
werkzoekende is opgelucht wanneer hij werk krijgt. Sommigen
zijn opgelucht wanneer ze uiteindelijk trouwen. Anderen voelen
zich opgelucht wanneer hun financiële situatie verbetert.

Door de kracht van Amma's sankalpa worden onze kleine
problemen opgelost, maar veel meer problemen liggen er op ons
te wachten. Zo is de aard van de wereld. De oplossingen die we
vinden zijn tijdelijk. Als we ons hiervan bewust worden, geven
we ons aan de Guru over en zoeken we onze toevlucht aan Haar
voeten om blijvende vrede te genieten. De Guru verplettert al onze
verlangens. Dingen die er van een afstand aantrekkelijk uitzien,
kunnen, wanneer we dichterbij komen, verre van aantrekkelijk
zijn. Een man die een bekoorlijk geluid van muziekinstrumenten hoorde, liep in de richting van de muziek. Het geluid kwam
van een afstand. Wat mooi, dacht hij. Toen hij dichterbij kwam,
luisterde hij zorgvuldig. Het geluid werd veroorzaakt door het
slaan op veel grote trommels tegelijk. Er werden zware stokken
gebruikt om op de grote trommels te slaan. En toen hij nog

dichterbij kwam? De donderende slagen waren genoeg om zijn trommelvliezen te scheuren. Het geluid was niet zo bekoorlijk als hij gehoord had toen hij ver weg was. Zijn enthousiasme verdween en hij wilde voor zijn leven rennen.

Veel dingen in de materiële wereld die ons vandaag aantrekkelijk lijken, kunnen morgen weerzinwekkend zijn. De ervaring zal dit bewijzen. Er kan een tijd komen dat we zullen zuchten als we denken aan alle dingen waaraan we ons hele leven verspild hebben. Daarom zegt Amma: "Kinderen, we moeten bereid zijn om van de ervaringen in ons leven te leren en onze fouten te herstellen. In plaats van na een val op de grond te blijven liggen en te huilen moeten we proberen op te staan."

Amma adviseert ons om in extase op te stijgen naar de hoogten van spiritualiteit en om mislukking als de voorbode van succes te zien. Als Amma er is om ons te helpen, is de overwinning zeker. We moeten het rijk van het Zelf bereiken dat voorbij het lichaam, de geest en het intellect ligt. We moeten Volheid bereiken. Het is dwaas om te verlangen voor altijd als een baby in de wieg te blijven. De vader en moeder willen dat het kind opgroeit, studeert en het hoogtepunt van het leven bereikt. Zo verwacht God ook bepaalde dingen van ons.

Moeder Natuur wacht op het glorieuze moment dat ieder van ons Volheid bereikt. We kunnen de weg naar eeuwige vrede ontdekken als we ontvankelijk worden voor de eindeloze genade van de Guru.

Amma zegt dat er maar één oplossing voor alle verdriet is. Wakker worden! Ontwaak uit deze diepe slaap. "Word wakker, kinderen!" Dit is wat Amma adviseert. We hoeven niet bang te zijn als we de verschrikkingen van de droomwereld zien. Ze hebben geen invloed op iemand die wakker is. Er moet echter iemand in de buurt zijn die niet slaapt om degene die over de nachtmerrie klaagt, wakker te maken. Dat is de rol van de Guru. De hele wereld is verzonken in de slaap van illusie. De Guru probeert iedereen wakker te maken. Toch maakt de wereld zelfs vandaag de dag mahātma's belachelijk en vervolgt hen, die alleen goed doen voor de wereld. Onaangedaan door dit alles blijft de Ganga van Liefde, de belichaming van zelfopoffering, voor allen stromen

Woordenlijst

Abhishekam – Ceremonieel bad dat gewoonlijk aan godheden in een tempel gegeven wordt.

Ādi Shankarāchārya – Een heilige die ongeveer 500 v. Chr. leefde. Hij wordt gerespecteerd als een Guru en de voornaamste verdediger van de advaita (non-duale) filosofie, die leert dat de schepping en de Schepper uiteindelijk één zijn.

Acchan – Malayālam voor vader. De vocatiefvorm is Acchā

Ambādi – Plaats waar Krishna opgroeide.

Amma – Malayālam voor moeder.

Annapūrneshvari – Godin die voedsel uitreikt dat ons verzadigt.

Antaryāmi – De ene die in alle wezens verblijft.

Archana – Reciteren van een litanie van heilige namen.

Āshram – Klooster. Amma definieert het als een samenstelling van twee woorden: ā en shrāmam, wat 'die inspanning' (voor Zelfrealisatie) betekent.

Ātma – Zelf of Ziel.

Avadhūta – Verlicht iemand wiens gedrag vaak excentriek is en in strijd met sociale normen.

Avadhūta Gīta – Het advies van de wijze Dattātreya aan Koning Yadu, dat bestaat uit acht hoofdstukken in versvorm.

Bhagavad Gīta – Letterlijk 'Lied van de Heer'. Het bestaat uit 18 hoofdstukken in versvorm waarin Krishna aan Arjuna advies geeft. Het advies wordt op het slagveld bij Kurukshetra gegeven, vlak voordat de rechtschapen Pāndava's met de onrechtvaardige Kaurava's strijden. Het is een praktische gids voor het aankunnen van een crisis in het persoonlijke of sociale leven en is de essentie van de vedische wijsheid.

Bhajan – Devotioneel lied of loflied op God.

Bhāva – Goddelijke stemming of houding.

Bhakti – Devotie

Brahma – God van de schepping in de hindoe drie-eenheid.

Brahman – Hoogste Waarheid, voorbij alle eigenschappen. De alwetende, almachtige, alomtegenwoordige basis van het universum.

Brahmachāri – Celibataire mannelijke leerling die spirituele oefeningen onder leiding van een Guru beoefent.

Brahmachārini – vrouwelijk equivalent van brahmāchari.

Brāhmaan – Lid van de priesterkaste.

Dakshina – Vergoeding voor de Guru als blijk van dankbaarheid en waardering van de leerling.

Darshan – Ontvangst door een heilige of visioen van God.

Devi – Godin, Goddelijke Moeder.

Devi Bhāva – De goddelijke stemming van Devi, de toestand waarin Amma haar eenheid en identiteit met de Goddelijke Moeder toont.

Dharma – Letterlijk 'dat wat (de schepping) ondersteunt'. Verwijst gewoonlijk naar de harmonie in het universum, juist gedrag, heilige plicht of eeuwige wet.

Durga – Een van de vormen van Devi.

Ganapati – Zie Ganesh

Ganesh – De God met een olifantenhoofd, zoon van Shiva. Wordt aangeroepen als de verwijderaar van hindernissen.

Godheid – God of godin in het hindoegodendom. Hindoes geloven dat er in totaal 330 miljoen godheden zijn. We kunnen dit interpreteren als de ene ondeelbare God die een oneindig aantal vormen aan kan nemen.

Gopi – Melkmeisje uit Vrindavan. Deze gopi's stonden bekend om hun vurige devotie voor Krishna. Hun devotie is een voorbeeld van de meest intense liefde voor God.

Guna – Een van de drie eigenschappen *sattva*, *rajas* en *tamas*. Mensen drukken een combinatie van deze eigenschappen uit.

Sattva eigenschappen staan in verband met kalmte en wijsheid, rajas met activiteit en onrust, en tamas met dufheid en apathie.

Guru – Spiritueel leraar.

Gurukula – Letterlijk de kring (kula) van de leraar (Guru). Traditionele school waar de studenten gedurende hun hele studie bij de Guru verbleven (een periode van ongeveer 12 jaar). De Guru onderwees hun kennis van de geschriften, academische kennis en spirituele waarden.

Hatha Yoga – Tak van yoga die gaat over lichaamsoefeningen met als doel het in evenwicht brengen van lichaam, geest en ziel.

Ilanji – De bloeiende boom Mimusopus Elengi.

Ishta Devata – Vorm van God waaraan iemand de voorkeur geeft.

Jagadambika – Moeder van het Universum.

Jagadīshvari – Godin van het Universum.

Jaganmāta – Moeder van het Universum.

Japa – Herhaald reciteren van een mantra.

Jīvātma – Individuele Zelf of Ziel.

Jñāna – Kennis van de Waarheid.

Jñāni – Kenner van de Waarheid.

Kalamezhuttu – Decoratieve afbeeldingen van goden die op de grond met gekleurd poeder getekend worden. Kalamezhuttuliederen zijn lofliederen op deze goden.

Kalari – Verwijst gewoonlijk naar een tempel die geen godenbeeld heeft. Hier verwijst het naar het voorouderlijke heiligdom van Amma's familie waar Amma darshan gaf, inclusief de Devi Bhāva en Krishna Bhāva darshans.

Karma – Bewuste handelingen. Ook de keten van effecten die door onze handelingen veroorzaakt wordt.

Kārtika – De derde sterrenconstellatie, de Plejaden.

Kārtikalamp – Lamp die op de dag van Kārtika aangestoken wordt.

Kaurava's – De honderd zonen van Koning Dhritarāshtra en Koningin Gāndhāri van wie de onrechtvaardige Duryodhana de oudste was. De Kaurava's waren de vijanden van hun neven, de deugdzame Pandava's met wie zij in de Mahābhārataoorlog vochten.

Kāvadi – een versierde gebogen paal die volgelingen van Heer Muruga tijdens Taipūyam dragen.

Krishna – Belangrijkste incarnatie van Vishnu. Hij werd in een koninklijk gezin geboren maar werd door pleegouders opgevoed. Hij leefde als jonge koeienherder in Vrindāvan waar de gopi's en gopa's, Zijn geliefde metgezellen, van Hem hielden en Hem aanbaden. Later richtte hij de stad Dvāraka op. Hij was vriend en adviseur van Zijn neven de Pāndava's, vooral van Arjuna. Krishna diende hem als wagenmenner tijdens de Mahābhārataoorlog en onthulde hem het onderricht in de Bhagavad Gītā.

Krishna Bhāva – De goddelijke stemming van Krishna, de toestand waarin Amma haar eenheid en identiteit met Krishna toont.

Kunju – 'De Kleine'. Sommige toegewijden noemden Amma Kunju of Ammachi-kunju.

Kundalini Shakti – Spirituele kracht, voorgesteld als een slang die ligt opgerold in de mūladhāra chakra, een energiecentrum bij het staartbeen aan de basis van de ruggengraat. Tijdens het proces van spiritueel ontwaken gaat de slang van spirituele kracht door de ruggengraat omhoog en bereikt uiteindelijk de sahasrāra of kruinchakra, die als een lotus met duizend bloembladen wordt voorgesteld. Dan verkrijgt men spirituele verlichting.

Lalita Sahasranāma – Litanie van de duizend namen van Srī Lalita, een aspect van Devi.

Līlā – Goddelijk spel.

Mādan – Duivelachtige halfgod.

Mahā – Een versterker. Bijvoorbeeld een mahājñani is een groot, vermaard kenner van de Werkelijkheid.

Mahābali – zie Onam.

Mahābhārata – Oud Indiaas epos geschreven door de wijze Vyāsa dat de oorlog beschrijft tussen de rechtvaardige Pāndava's en de onrechtvaardige Kaurava's.

Mahātma – Letterlijk 'Grote Ziel'. Omschrijving voor hen die de hoogste spirituele realisatie bereikt hebben.

Malayālam – Taal die in de Indiase staat Kerala gesproken wordt.

Malayāli – Iemand wiens moedertaal Malayālam is.

Mānasa Pūja – Aanbidding die in gedachten gedaan wordt.

Math – Hindoeklooster

Māyā – Kosmische begoocheling, verpersoonlijkt als een verleidster.

Mīnākshi – Een vorm van Devi. Deze vorm is bevindt zich in een tempel in Madurai, Tamil Nādu. Vandaar de bijnaam Madurai Mīnākshi.

Moksha – Spirituele bevrijding.

Mol – Malayālam voor dochter.

Mon – Malayālam voor zoon.

Mudra – Gebaar dat door de handen en vingers gevormd wordt en een mystieke betekenis heeft.

Mūladhāra chakra – zie Kundalini Shakti.

Mundu – Doek die mannen om hun middel binden om de onderste helft van het lichaam te bedekken.

Muruga – Zoon van Shiva. Zijn goddelijke voertuig is een pauw. Wordt ook Subrahmanya genoemd.

Nāga – Slang. Nāgatempels hebben een heiligdom met slangengoden. Hindoes aanbidden alle wezens als belichaming van het goddelijke.

Om – Oerklank in het universum. Het zaad van de schepping.

Omgang – Om een voorwerp zoals een altaar of tempel heen lopen. Een van de vele manieren om dat voorwerp te aanbidden.

Onam – Het oogstfeest in Kerala, dat een van de meest populaire festivals is en tien dagen gevierd wordt. Het is geassocieerd met de legende van Mahābali's ontmoeting met Vāmana. Mahābali was een vriendelijk en rechtvaardig regeerder, wiens utopische regering hem bij al zijn onderdanen geliefd maakte. Zijn enige tekortkoming was dat hij trots was op zijn vrijgevigheid. Toen hij een keer goederen aan zijn onderdanen uitdeelde, benaderde Vāmana, een jonge brahmaan, hem en vroeg hem om drie stappen land. Toen Mahābali zijn kleine omvang zag, stemde hij er neerbuigend mee in. Vāmana, die niemand anders dan Heer Vishnu was, groeide. Met één stap bedekte hij de hele aarde. Met de tweede bestreek hij alle andere gebieden van het universum. Omdat Mahābali hem niets anders aan kon bieden, bood hij zijn hoofd aan voor de derde stap. Dit gebaar symboliseert de overgave van het ego. Heer Vishnu verbande hem naar de onderwereld en werd de bewaker van Mahābali's verblijfplaats. Men zegt dat Mahābali met Onam naar de aarde komt om te zien hoe zijn vroegere onderdanen het maken.

Pāda Pūja – Ceremoniële aanbidding van de voeten van een gerespecteerd iemand, gewoonlijk de Guru.

Pañchabhūta – De vijf (pañcha) elementen (bhūta's) die de materiële oorzaak van de schepping zijn. De vijf elementen zijn *ākāsh* (ether of ruimte), *vāyu* (lucht), *agni* (vuur), *jalam* (water) en *prithvi* (aarde).

Pañchāmritam – Zoete pudding die uit vijf ingrediënten bestaat.

Pāndava's – De vijf zonen van Koning Pāndu en de helden van de Mahābhārata.

Pappadam – Dun, knisperend, gefrituurd koekje.

Paramahamsa – Verheven heilige.

Paramātma – Hoogste, kosmische Zelf, de Algeest.

Parameshvara – Letterlijk 'Hoogste God', een naam voor Shiva.

Parāshakti – Hoogste kracht, verpersoonlijkt als de Godin of Keizerin van het Universum.

Pārvati – Echtgenote van Shiva.

Pāyasam – Indiase pudding.

Prāna Shakti – Vitale kracht.

Pranava – Mystieke lettergreep OM.

Prārabdha – Resultaat van het handelen uit vorige levens dat men voorbestemd is in het huidige leven te ervaren.

Prasād – Heilige offergave, gewoonlijk voedsel.

Pūja – Ceremoniële aanbidding.

Pūrnam/ Pūrnata – Vol of Heel. Spirituele Volheid.

Pūrvāshram – Letterlijk 'vorige āshram' (levensfase). Zij die de monastieke weg opgaan, verbreken de banden met het leven dat ze daarvoor leidden. Ze verwijzen naar hun biologische familieleden of het huis waar ze voorheen woonden als een deel van hun pūrvāshram. Pūrvāshram moeder betekent dus biologische moeder, in tegenstelling tot de spirituele moeder.

Rajas – zie Guna.

Ramana Mahārshi – Verlicht spiritueel meester (1879-1950) die in Tiruvannāmalai in Tamil Nādu woonde. Hij beval Zelf-onderzoek als de weg naar Bevrijding aan, hoewel hij een verscheidenheid aan paden en spirituele praktijken goedkeurde.

Rishi – Gerealiseerd ziener of wijze die mantra's in hun meditatie waarnamen.

Sādhana – Spirituele oefeningen.

Sādhak – Spirituele aspirant of zoeker.

Sahasrāra Chakra – zie Kundalini Shakti

Samādhi – Letterlijk 'ophouden van alle mentale weifeling'. Eenheid met God, een transcendente toestand waarin men alle besef van individualiteit verliest.

Sankalpa – Besluit, gewoonlijk gebruikt in verband met mahātma's.

Samsāra – Cyclus van geboorte en dood.

Sanātana Dharma – Letterlijk 'Eeuwige religie'. De oorspronkelijke naam voor het hindoeïsme.

Sannyāsi – Monnik die formele geloften van verzaking (sannyāsa) heeft afgelegd. Draagt traditioneel een okerkleurig gewaad wat het verbranden van alle verlangens symboliseert.

Satguru – Letterlijk 'Ware Meester'. Iemand die ervoor kiest om af te dalen naar het niveau van de gewone mensen om hen te helpen spiritueel te groeien, terwijl Ze toch de gelukzaligheid van het Zelf ervaart.

Sattva – Zie Guna.

Satya Yuga – Zie Yuga

Seva – Onbaatzuchtig dienen.

Sevak – Iemand die seva verricht, vrijwilliger.

Shiva – God van de vernietiging van de schepping in de hindoe drie-eenheid.

Svapna Darshan – Goddelijke bezoek in een droom.

Taipūyam – De dag van pūyam (pushyam), het achtste maansterrenbeeld, in de maand Tai (half januari tot half februari). Deze dag is traditioneel gewijd aan Heer Muruga. Volgelingen dragen een kāvadi (een versierde gebogen paal), versierd met pauwenveren om Muruga gunstig te stemmen. Veel kāvadidragers dansen. Sommigen doorboren hun lichaam met speren en drietanden. Sommigen lopen, als onderdeel van hun gelofte, over een bed van brandende kolen.

Tamas – Zie guna.

Tapas – Spirituele boetedoening of ascese.

Tejas – Spirituele uitstraling of gloed.

Tīrtham – Geheiligd water.

Trikāla jñāni – Een verlicht iemand die alles over het verleden, het heden en de toekomst weet, de drie tijdsdimensies.

Tulasi – Heilig of zoet basilicum (Ocimum Sanctum).

Upanishad – Delen van de Veda's die zich bezig houden met de filosofie van het non-dualisme.

Upavāsa –Letterlijk 'Dicht bij (de Heer) leven'. Vaak betekent het figuurlijk vasten.

Vallickavu – Plaats waar de Amritapuri āshram staat. Amma wordt soms 'Vallickavu Amma' genoemd.

Vaikuntha – Verblijf van Heer Vishnu. Soms betekent het figuurlijk hemel.

Vāsana's – Verborgen neigingen of subtiele verlangens in de geest die als handelingen of gewoonten tot uitdrukking komen.

Vāstu Shāstra – Indiase wetenschap van het plaatsen van voorwerpen om de stroom van positieve energie te gebruiken en de stroom van negatieve energie om te leiden. Lijkt op Feng Shui.

Veda's – Oudste van alle geschriften. De Veda's werden niet door een menselijke auteur geschreven, maar werden in diepe meditatie aan de oude rishi's geopenbaard. De mantra's die de Veda's vormen hebben altijd in de natuur bestaan in de vorm van subtiele vibraties. De rishi's subtiele vibraties. De rishi's bereikten zo'n diepe absorptie dat ze deze mantra's konden waarnemen.

Vīna – Traditioneel Indiaas snaarinstrument.

Vishnu – God van de instandhouding van de schepping in de hindoe drie-eenheid.

Vrishchika – Vierde maand in de Malayālam kalender.

Yajña – Offer in de zin van iets in aanbidding aanbieden.

Yakshi – Halfgodin.

Yama – God van de dood.

Yoga – Eenheid met het Hoogste Wezen.

Yogi – Iemand die eenheid met het Hoogste Wezen bereikt heeft of naar die transcendente eenheid op weg is.

Yoga Vashishta – Verzameling van het onderwijs van de Wijze Vashishta, de Guru van Shrī Rama. Het is een oude tekst die gaat over de filosofie van non-dualiteit in de vorm van verhalen.

Yuga – Tijdperk. Volgens de hindoe kosmologie wordt het bestaan van het universum van oorsprong tot ontbinding gekenmerkt door vier tijdperken. Het eerste is Satya Yuga, wanneer dharma of Satya (Waarheid) in de samenleving heerst. Ieder tijdperk ziet een groeiend verval van dharma. Het tweede tijdperk wordt Treta Yuga genoemd, het derde Dvāpara Yuga en het vierde en huidige tijdperk Kali Yuga.